# EL LIBRO TIBETANO DE LOS MUERTOS

# EL LIBRO TIBETANO DE LOS MUERTOS

EDICIONES OBELISCO

Si este libro le ha interesado y desea que le mantengamos informado de nuestras publicaciones, escríbanos indicándonos qué temas son de su interés (Astrología, Autoayuda, Ciencias Ocultas, Artes Marciales, Naturismo, Espiritualidad, Tradición...) y gustosamente le complaceremos.

Puede consultar nuestro catálogo en www.edicionesobelisco.com

**Colección Nueva Consciencia**
EL LIBRO TIBETANO DE LOS MUERTOS

1.ª edición: marzo de 1994
5.ª edición: abril de 2007

Título original: *Bardo Thodol*
Traducción: *Manuel Giménez*
Prólogo: *Francis García*

Diseño de cubierta: *Marta Rovira*
sobre una fotografía de *Michel Botella*

© 1994, Ediciones Obelisco, S.L
(Reservados los derechos para la lengua española)

Edita: Ediciones Obelisco, S.L.
Pere IV, 78 (Edif. Pedro IV) 3ª planta 5ª puerta
08005 Barcelona-España
Tel. 93 309 85 25 - Fax 93 309 85 23
E-mail: obelisco@edicionesobelisco.com

Paracas, 59 - Buenos Aires
C1275AFA - República Argentina
Tel. (541-14) 305 06 33 - Fax: (541-14) 304 78 20

ISBN: 978-84-7720-363-6
Depósito Legal: B-16.719-2007

*Printed in Spain*

Impreso en España en los talleres gráficos de Romanyà Valls S. A,
Verdaguer, 1 - 08076 Capellades (Barcelona)

Ninguna parte de esta publicación, incluso el diseño de la cubierta,
puede ser reproducida, almacenada, transmitida o utilizada en manera alguna
por ningún medio, ya sea electrónico, químico, mecánico, de grabación
o electrográfico, sin el previo consentimiento por escrito del editor.

# PRÓLOGO

## *El arte de morir en Oriente y Occidente*

No he reflexionado lo suficiente sobre la muerte ni soy siempre consciente de ella, como aconseja la *Imitación de Jesucristo* de Tomás de Kempis («Bienaventurado el que tiene ante sus ojos la hora de su muerte y que está dispuesto cada día a morir»), que leí hace años durante un retiro de meditación budista en Francia.

Por el momento, la reflexión sobre nuestro último viaje sólo me ha ayudado a hacer las maletas más ligeras y amortiguar alguna preocupación pensando que frente a la muerte, aquello a lo que me agarraba, lo que había perdido, temido o deseado, no me iba a servir de nada, que no me lo iba a poder llevar. Pero lo que uno aprende depende en buena parte de cómo lo relaciona con lo que ya sabe y cómo lo enfoca.

Por lo tanto, expondré algunas reflexiones sobre vivencias y lecturas, esperando que la persona que lea estas líneas sabrá completarlas mediante su propia visión y que así le serán de utilidad para su propio viaje inevitable.

La conciencia de la impermanencia de nuestra posesión más apreciada, el cuerpo, es muy valiosa para estimular nuestro desarrollo. Varios grandes maestros espirituales, como Buda Sakyamuni o Ramana Maharshi, comenzaron su búsqueda espiritual al tomar conciencia de la muerte. El uno, al encontrar un entierro, el otro, al reflexionar sobre qué le ocurriría al morirse.

*Antigüedad Occidental*

Nuestra antigua cultura europea también tiene ejemplos famosos de preparación serena a la muerte. Empezando por la Grecia antigua tenemos el caso de la muerte de Sócrates, condenado democráticamente a muerte por el pueblo de Atenas, cuyo relato está en el diálogo «Fedon» de Platón, donde dice que el filósofo no hace otra cosa que buscar la muerte y lo que la sigue. El relato de Er, contenido en *La Republica* de Platón, es un ejemplo de gente que ha vuelto a la vida para contar sus experiencias en el momento de la agonía.

La contemplación de la muerte y la superación del miedo eran considerados una parte decisiva de la educación. Recordemos el famoso lema de Esparta: «Sólo el desprecio a la muerte da la libertad».

Los griegos, romanos y celtas creían generalmente que el alma era inmortal y podía pasar por diferentes cuerpos. Muchos de los filósofos y científicos que estudiamos en el colegio, como Pitágoras, Heráclito, Platón, Plotino, asumen esta teoría.

Es famosa la cita de Porfirio (V.P. *Timp.* I-42-44) sobre las concepciones de Pitágoras: «Lo que Pitágoras decía a sus discípulos, nadie puede decirlo con certeza, dado que ellos guardaban un excepcional silencio. Sin embargo, llegaron a hacerse especialmente famosas las manifestaciones siguientes: en primer lugar, el alma es inmortal, en segundo lugar, que se cambia en otras clases de seres vivos, además que los acontecimientos vuelven a ocurrir cada ciertos períodos y que no hay nada absolutamente nuevo; finalmente, parece que todos los seres vivos deben ser considerados parientes. Parece, en efecto, que fue Pitágoras el primero en introducir estas creencias en Grecia».

Sobre la continua metamorfosis cíclica de este mundo Heráclito dijo: «Para las almas, la muerte es volverse agua, y para el agua la muerte es volverse tierra; pero de la tierra nace el agua y del agua el alma».

Recordemos la serenidad de los estoicos, como Cicerón o Séneca, en este trance: «El sabio vive tanto como debe y no tanto como puede» (*Cartas a Lucilius*, 70). Parece que en la antigua Europa también hubo un adiestramiento muy concreto a la muerte en los ritos de iniciación, como los que relata el escritor romano Apuleyo al hablar de los misterios de Isis; Lucio, el protagonista de su obra *El asno de oro* dice: «Me aproximé a las puertas mismas de la muerte y llegué hasta el umbral de Proserpina, no obstante lo cual se me permitió regresar ensimismado, atravesando todos los elementos. A medianoche vi brillar el Sol como si fuera pleno día, me hallé en presencia de los dioses del mundo inferior y superior, me acerqué a ellos y los adoré. Bien, ya sabes lo que ocurrió, mas me temo que este conocimiento no te haya hecho más sabio». Vale realmente la pena transcribir toda la cita, porque es extremadamente significativa de lo que es realmente una iniciación, algo mucho más allá de un mero aprendizaje intelectual.

Ya lo dijo Plutarco: «Iniciarse es morir». Otro detalle significativo es el paso por los elementos, que nos volveremos a encontrar explícitamente en otras tradiciones, como la del budismo tántrico.

Muchas frases romanas famosas hacen referencia a este tema. Son de destacar las que se encontraban frecuentemente en relojes recordando nuestro carácter mortal y, por lo tanto, la conveniencia de saber vivir adecuadamente cada hora: *Ultima forsam* (quizá la última), *Vulnerant omnes, ultima necat* (todas hieren, la última mata).

*Oriente*

Fuera de Europa encontramos ejemplos de esta atención a la muerte en muchas otras tradiciones religiosas; algunas frases escuetas son muy precisas, como las del maestro musulmán Bayazid, que recomienda: «Estate atento a la muerte hasta que sepas lo que es la muerte». Y el mismo Mahoma dice: «Vive respecto a este mundo como si fueras a vivir mil años y vive respecto al otro como si te fueras a morir mañana».

En el taoísmo son muy famosas las dos anécdotas de Chuan-tzú en el capítulo XVII, 3, y XXXII, 13, donde muestra una total serenidad y aceptación frente a la muerte de su esposa y a la suya, considerándolas parte de un proceso natural semejante al ciclo de las 4 estaciones, donde vida y muerte son las dos caras de la misma moneda.

El taoísmo considera que existen diferentes elementos dentro del ser humano, cada uno con un destino distinto en el momento de la muerte.

En lo que concierne al budismo, a mis siete años me chocó bastante —en el primer libro que leí sobre budismo— el consejo de ir a un cementerio (en la India muchos cadáveres eran dejados al aire para que se los comieran los pájaros o los animales) y ver cómo un cadáver se iba desintegrando, pasando por diferentes etapas hasta no quedar nada de él, y que tomáramos conciencia de que a nosotros nos iba a pasar exactamente lo mismo.

Diversos autores budistas han sistematizado esta contemplación del cadáver en nueve etapas; una de las bastante conocidas es «Los nueve estados de un cuerpo después de su muerte»:

Primer estado: el rostro lívido. Su belleza se desvanece como la de una flor.

Segundo estado: el cuerpo hinchado. El cuerpo antaño tan bello, es ahora miserable.

Tercer estado: cuerpo tumefacto. ¡Qué pasajera es la vida!

Cuarto estado: el cuerpo en putrefacción. Los huesos de la cabeza y pecho se hacen visibles. ¿No sufriremos, a pesar de todo, el destino de este cuerpo?

Quinto estado: el cuerpo es pasto de los animales. Su vientre se abre. En ningún lugar nuestros cuerpos escaparán a la destrucción.

Sexto estado: el cuerpo está podrido y se vuelve verde. El esqueleto, todavía teñido de sangre, es despojado de su carne. ¿Cómo podemos dejar de pensar que nuestro cuerpo será devorado por los perros?

Séptimo estado: el cuerpo sólo es un esqueleto cuyos miembros todavía están reunidos. Sólo la carne distingue al hombre de la mujer, sus esqueletos son los mismos.

Octavo estado: los huesos del esqueleto se quiebran y esparcen. Todo lo que más nos gusta contemplar en un cuerpo se pudre y desvanece en polvo.

Noveno estado: una vieja tumba en medio de la vegetación lujuriosa. Cuando acabamos de visitar una tumba sobre el monte Toribé. ¿Veremos sobre ella algo más que gotas de rocío?

consigo digerir según qué cosas rápidamente, en particular la necesidad de contacto humano, de compañía. Espero que mis lectores practiquen mejor.

*Puntos prácticos. Yo, reencarnación, el sueño y la muerte*

Los cuatro sellos de la doctrina budista, los cuatro criterios para determinar si una doctrina es budista o no, son los siguientes: todo es impermanente, doloroso, carente de existencia propia, el Nirvana es paz. Esto choca frontalmente con la concepción predominante generalmente en Europa donde tenemos muy interiorizado el dualismo racionalista: aceptamos que tenemos un yo separado del resto del Universo y que éste existe en el tiempo o sea «Pienso, luego existo».

El budismo niega la existencia de un yo autónomo y lo que pretenden sus enseñanzas, en particular las que conciernen al momento de la muerte, es que disolvamos esta ilusión y dejemos de identificarnos sin control con toda una serie de cuerpos o estados. El budismo considera como algo dolorosímo, aunque ilusorio, el tiempo y todo el ciclo de renacimientos y muertes. No cree exactamente en un yo que pase de cuerpo en cuerpo, y considera que asumirlo es una atroz pesadilla. Más precisamente cree que existe una corriente de conciencia que puede identificarse erróneamente con diversos cuerpos y estados. Mientras pensemos y analicemos el pasado y el futuro, seguiremos sufriendo. Lamentablemente la lógica y la epistemología budista, tan desarrollada por Nagarjuna, Chandrakirti, Dje Tsong Kappa y tantos otros, no suelen enseñarse mucho en Occidente y el budismo que se suele conocer es un exotismo devocional y sentimental.

Creo que los mejores consejos que me han dado sobre cómo prepararse a la muerte son de Akong Rimpoche, un maestro de la escuela Karguypa, especialista en retiros de 49 días del estado intermedio entre la muerte y el renacimiento: «Si estás despierto durante el día, estarás despierto durante la noche, si estás despierto durante la noche, estarás despierto en el momento de morir».

Este breve consejo remite a una de las prácticas típicas del budismo tántrico, uno de los seis yogas de Naropa: el yoga del estado onírico, que permite guardar la lucidez durante los sueños. Esta conducción consciente de nuestros estados mentales es posible y una gran ayuda para prepararse a la muerte. Esto contradice algunas de las muchas elucubraciones de Sigmund Freud, que considera que «los sueños son la vía real al Inconsciente» y supone que no es posible el sueño lúcido, ya que, según él, «los sueños son los guardianes del sueño».

Pero el yoga del estado onírico nos hacer darnos cuenta del carácter ilusorio de las producciones oníricas, que no tienen ningún poder sobre nosotros y pueden ser perfectamente manejadas por nosotros.

Existen muchísimos testimonios de éxito en este tipo de prácticas, no sólo entre seguidores de estas tradiciones; ya también se han realizado investigaciones del estado onírico bajo control científico, como por ejemplo en el Lucidity Institute (P.O. Box 2364 Standford, CA 94309. USA.) bajo la dirección de Stephen LaBerge. Algunos libros al respecto son: *La science et les états frontières* de Ch. Hardy, ed. Le Rocher, 1988 y *Exploring the world of Lucid Dreaming*, Stephen LaBerge, H. Reinhold. Harper & Row, 1990.

En Japón es muy frecuente que la gente lleve un diario de sueños, que es uno de los niveles elementales de este tipo de prácticas, para lo cual hay que tomar la firme decisión de acordarse de sus sueños y hacer suavemente las transiciones entre los diferentes estados.

Recomiendo que lo comprueben por ustedes mismos porque además las investigaciones científicas han encontrado que las personas que efectúan sueños lúcidos son más equilibradas y mucho más independientes durante esta misma vida.

Ya se han dado enseñanzas muy detalladas en Europa

sobre los seis Bardos, como durante los cursos impartidos por Beru Kyntse Rimpoche en Dagpo Kagyu Ling, centro budista francés, o en Barcelona, por Gyaltsab Rimpoche. El sueño con sueños es considerado una de las seis etapas intermedias o Bardos.

Nuestro propio estado de vigilia habitual es considerado por el budismo como engañoso. Por lo tanto, los sueños son «una ilusión de la ilusión» ya que manifiestan uno de los velos de ignorancia que cubren nuestra mente. Para llegar a la Iluminación hay que disolver estos velos, purificándolos, siendo completamente insuficiente solamente verlos. Milarepa le insiste a Gampopa que es un obstáculo si ve los sueños o la vigilia como algo real. Puede haber también raros sueños premonitorios o recuerdos de vidas anteriores, que suelen ocurrir justo antes de despertarse, a los que tampoco hay que dar una importancia excesiva.

Respecto a cómo acompañar a un agonizante, insistió que nuestra actitud era importante. No debíamos sentir tristeza, debíamos generar mucho amor y si acaso recitar mantras al oído del moribundo. También decía que debíamos intentar transmitir la esencia del *Bardo Todol*, el *Libro tibetano de los muertos*, que hoy presentamos y que afirma que todo es ilusorio, creación de la Mente.

El moribundo tiene una gran sensibilidad, una real telepatía, por lo tanto debemos ser muy sinceros y serenos en nuestra relación con él, ya que notará cualquier hipocresía y ello le afectará mucho, con consecuencias fatales, ya que lo que determina la orientación de la conciencia del moribundo son las últimas sensaciones y sentimientos que tiene. Si ha meditado mucho puede practicar el «powa», una técnica que permite eyectar la conciencia hasta un Paraíso, una Tierra Pura, lo que puede hacer por otra persona y enviarla allí. Se pueden emplear también talismanes consagrados. En general, todo el arte tántrico representa cementerios y esqueletos para que tengamos conciencia de nuestra fragilidad.

Basui, un maestro zen japonés, recomendó a uno de sus discípulos que estaba a punto de morir: «La esencia de tu mente no ha nacido, por lo tanto no morirá, estate sólo atento a qué es exactamente la mente».

## Los «tulkus» y «El pequeño Buda»

El destino de cada persona después de muerta dependerá mucho de su práctica cotidiana. Un caso particular es el de los grandes practicantes, que ya han alcanzado el nivel «libre de proyecciones», que deciden renacer para ayudar a los demás, algunos de los cuales empiezan a reencarnarse en occidentales, de lo que ha salido el argumento de la película *El pequeño Buda* de Bernardo Bertolucci, realizador también del *Último tango en Paris*.

Conozco personalmente dos casos: el niño español Ösel, supuesta reencarnación del Lama Yeshe, que conocí en su segundo curso en Ibiza, y Trinle, reencarnación de otro lama en el hijo de un multimillonario americano. Se comenta en el ambiente próximo a los tulkus que tienen mucha energía y son difíciles de manejar.

Según *El Dharma de la Montaña* de Tsendru Gyamtso, que recoge las enseñanzas de Karma Tchagme, el procedimiento consiste, después de una primera fase de unos siete días, en la que han estado absorbidos en la Clara Luz, en visualizarse como la Deidad Tutelar abrazado a su consorte. Emana rayos luminosos para recoger las bendiciones de todos los Budas de las diez direcciones. Esta luz entra por la boca de la Deidad y pasa al útero de la consorte. La luz toma la forma de una OM blanca, que recoge todas las cualidades del cuerpo de todos los Budas y Bodisatva. Gozando de clarividencia manda su conciencia a una mujer adecuada. Esto provoca el nacimiento de una emanación del Cuerpo de Buda, de una gran belleza y atractivo. Continuando el procedimiento, manda emanaciones de la palabra bajo la forma de la sílaba AH, de voz melodiosa y grandes dotes oratorias. Luego, una emanación de la mente de todos los Budas, bajo la forma de la sílaba HUNG, de gran inteligencia. Sigue con la emanación de todas las Cualidades de Buda bajo la forma de la sílaba SOHA, muy capaz en habilidades prácticas. Continúa con la emanación de la actividad de los Budas, bajo la forma de una sílaba HA verde, dotada de gran potencia.

Si los practicantes tienen un nivel muy alto, pueden repetir varias veces este proceso y crear numerosas emanaciones.

Renacerán preferentemente en familias de buen karma aunque puede ocurrir que renazcan expresamente en familias muy negativas para orientarlos correctamente. Se dice que si no encuentran un ambiente favorable, mueren rápidamente. Esto podría explicar el porqué muchos niños prodigio mueren precozmente.

Otros practicantes de nivel inferior crearán una emanación concentrándose en alguna Deidad, por ejemplo Manjusri, si quieren manifestarse como grandes sabios.

Los tulkus se suelen acordar de su vida precedente cuando son pequeños.

Conozco personalmente a un lama que parece ser la reencarnación de Rechungpa, discípulo de Milarepa y me dijo que de pequeño se acordaba algo, sus padres no querían que fuera educado como un tulku y lo mandaron a un colegio cristiano, pero toda una serie de fenómenos paranormales, causados por las Deidades protectoras, les forzaron a dejarle seguir su vocación. En su monasterio había una momia de su cuerpo precedente, a la entrada de su cuarto. Sorprendentemente, este hombre es también el oráculo del estado de Ladak y se deja poseer por la Diosa Palden Lhamo.

*De la modernidad*

A pesar de que en España mismo, según la encuesta «La sociedad española de los 90», de la fundación Santa María, cree en la vida después de la muerte un 42 % de ciudadanos, y en la reencarnación un 20 %, nuestra moderna sociedad progresista censura y reprime particularmente este aspecto de la realidad. En ella se procura esquivar tanto la presencia de la muerte como en general del sufrimiento. Ello provoca una muerte social prematura, apartando a la gente de su entorno familiar y social ya antes de su muerte biológica. La gente se va a morir en las unidades de cuidados intensivos de los hospitales, y cuando sufre procura buscarse algunas píldoras, el Paraíso de plástico, sin esfuerzos personales.

La conciencia de nuestra impermanencia es reprimida a nivel individual y a nivel colectivo. Ello hace que no nos preparemos a ella y que muramos solos, sin el acompañamiento comunitario necesario.

En la Edad Media cristiana había muchos libros sobre el «Ars Moriendi» (El arte de morir) porque se tenía bien claro, como decía Fray Luis de Granada: «Oficio es el de bien morir que conviene aprender toda la vía» (*Guía de pecadores*) pero luego otras modas doctrinales han hecho olvidar esta urgencia, entre otras el individualismo, que choca con la afirmación de Santa Teresa de Jesús: «No le puede ser amarga la muerte a quien ama». Sería interesante reeditar alguno de estos manuales. En Francia ya se ha reeditado uno. En España tenemos un ejemplo famoso: *Espejo de bien vivir y para ayudar a bien morir*, de Jaime Montañes, carmelita valenciano del siglo XVI, reeditado por la Universidad Pontificia de Salamanca en 1976. En la Filocalia también hay varios textos que se refieren a ello. Un cristiano consecuente, que haya asimilado bien las normas de desapego a este mundo material, resumidas por San Juan de la Cruz en la siguiente frase: «Déjalo todo y tendrás todo», debería poder superar correctamente este trance.

La conciencia de la muerte también influyó mucho en el arte de la Europa medieval, siendo bastante conocido el caso de las danzas macabras, de las que actualmente existe una asociación en Alsacia.

El escritor francés Daniel-Rops cuenta en su libro *Les fils de Saint Bernard*, que un grupo cisterciense reformista, «Les feuillants», empleaba un rosario de pequeños cráneos esculpidos; Luis XV tenía uno que le habían regalado. Para beber usaban un cráneo humano. El lema de los trapenses es «Memento mori»: acuerdate que morirás.

En la literatura tenemos el famoso ejemplo de la *Divina Comedia*, que relata el viaje a través de los niveles de realidad que los seres humanos pueden recorrer al morir.

Pienso que reflexionar sobre la muerte no es algo morboso, paralizante e inductor de depresiones, pienso al contrario que te hacer vivir con mucha más intensidad, rapidez en la toma de decisiones y sentido del humor.

En muchos mitos y en las experiencias de muerte inminente, se habla de un juicio en el momento de la muerte, de una visión panorámica y acelerada de nuestra vida. Frecuentemente en la iconografía de las iglesias románicas encontramos la escena de la pesada del muerto.

Es prudente, por lo tanto, juzgarse a sí mismo antes de morir y poner remedio a nuestras equivocaciones antes de que ya no tengamos opción.

Me gusta mucho esta frase de Drieu la Rochelle, un gran escritor francés que se suicidó poco antes de que fueran a fusilarlo: «¿Para qué vivir si uno no se sirve de la vida para chocarla contra la muerte como una piedra de encendedor? Si la muerte no está en el corazón de la vida como un hueso duro, la vida es un fruto blando y pronto podrido».

Un geshe Kadampa llamado Karmapa señaló que hemos de tener miedo a la muerte mientras podemos reaccionar para prepararnos a ella, y en el momento de morir ya no hemos de tener miedo de ella.

La conciencia de la muerte hace nacer una auténtica determinación de vivir a fondo y rectamente la vida, al tiempo que corta las dudas y vacilaciones con gran energía.

Hay dos niveles de toma de conciencia de la muerte. En un primer nivel uno se imagina que está a punto de morir y recapacita sobre cómo se siente. También puede pensar en cómo la muerte afecta a todos los demás, sin tener en cuenta ni edad ni poder ni bienes, recordando a toda la gente que conocemos y que ya ha muerto y las etapas de descomposición de un cadáver. En un segundo nivel uno puede actuar sobre energías y conciencias sutiles y simular con gran exactitud el proceso de la muerte, en donde se producen desplazamientos de las semillas principiales de la energía femenina, de color rojo, situada durante la vida en el abdomen, y de la energía masculina de color blanco, situada en la cabeza.

Respecto a ayudar a los demás en este trance inevitable y tan decisivo, es bueno conocer las etapas de la muerte que han sido descritas en varios libros después de estudiar muchos casos, como *Vida después de la vida*, de Raymond Moody; también los libros de Elizabeth Kubler-Ross, que describen cinco estadios que van desde la negación: «No, a mí no», pasando por la rabia y el enfado «¿Por qué yo?», el regateo: «Yo sí, pero...», la depresión: «Si yo», hasta culminar en la aceptación: «Mi hora ha llegado, todo va bien». Esto nos ayudará a serenarnos frente a la muerte, la nuestra y la de la persona que intentamos acompañar.

Tengamos también en cuenta a sus familiares, no sólo durante el proceso de agonía sino también después.

Es necesario asegurar un cuidado integral y la máxima comodidad al moribundo y tener en cuenta algunas de las molestias físicas más frecuentes, como la boca seca y el estreñimiento. El impacto emocional de las enfermedades terminales suele ser importante, ya que cursan con fuertes dolores en el 60% al 80%, y con angustia y depresión en el 60% al 80%.

Además de ciertas sustancias analgésicas, como la morfina, es interesante tener en cuenta que ciertas terapias conductistas y cognitivas han demostrado una gran eficacia para ser capaz de hacer frente y controlar el dolor. Véase *Manual de modificación de conducta*, de J. Mayor. F. J. Labrador, Madrid 1984 y *La autorregulación científica de la conducta*, de Luis Pantoja Vargas, Bilbao1986.

Christiane Jomain, que ha escrito *Mourir dans la tendresse*, ed. le Centurion (Ediciones Paulinas), después de ayudar a unas ochocientas personas a morir, recomienda: «Guardar la calma. Aprender a colocar una mano sobre la frente o sobre un brazo. Acariciar la mejilla. Reflexionar antes de hablar, callarse a veces. Sentarse en el borde de la cama. Aprender a decir: "Yo no lo abandonaré hasta que usted se sienta mejor".»

Es muy importante asegurar la comunicación, iniciándola y manteniéndola si acaso mediante preguntas al moribundo y facilitando al máximo la gestión por éste de sus últimos momentos, lo que implica sinceridad y darle el máximo de información, según su capacidad y deseo.

La clarividente francesa Jeanne Guesné, cuyo libro *Le grand passage*, relata sus experiencias extracorporales y recomienda ante todo estar muy atento. De nuevo esta idea de presencia que acepta sin juzgar.

La doctora Blandine Beth, médico en Calcuta, junto con

la madre Theresa, en Kali Gath y luego en Londres, en el St. Christopher's Hospice, ha escrito *L'Accompagnement du mourant* (el acompañamiento del moribundo), Ed. Doin. Ella participa en el movimiento creado por la médico Cicely Saunders para acompañar a los agonizantes. También insiste mucho en estar realmente presente con el agonizante, estar realmente disponible para él.

En Francia y en Estados Unidos hay varios movimientos para estudiar las etapas próximas al fallecimiento y de ayuda a los agonizantes. La medicina moderna puede aportar medicamentos que amortigüen el dolor sin perder la lucidez.

Association «Jusqu'à la mort accompagner la vie» 39, rue Notre Dame des Champs, 75006, París, Francia y la I.A.N.D.S. (International Association for near Death studies) presidida por el doctor Kenneth Ring, I.A.N.D.S., Box U-20, University of Connecticut, Storrs. Connecticut, U:S:A. IANDS, 17, rue Froment, 75011, París (1) 40.96.91.65 y 48.05.46.45.

En Barcelona, la asociación «Amics de la gent gran» ha organizado cursillos para sus voluntarios sobre el acompañamiento de enfermos terminales.

Para partidarios de la eutanasia: «Association pour le droit de mourir dans la dignité». B.P. 322-09, 75423 París, cedex 09.

Recomiendo *Vie posthume et resurrection dans le judéochristianisme*, de Jean Tourniac, ed. Dervy. Los gnósticos estudiaron largamente el periplo de la conciencia después de la muerte. Vuelvo a insistir en el interés que presenta el estudio de los primeros tiempos de la Iglesia Cristiana.

Si se lleva una vida alerta es bastante posible prever su propia muerte y hay toda una serie de indicaciones muy claras en los textos budistas como *El libro de los muertos* de las señales de muerte próxima, como sueños, reacciones de los parásitos corporales, estado de la orina, etcétera.

Personalmente supongo que si me viera en el trance de morir, lo comunicaría a mis allegados, me despediría de ellos y procuraría dejar todos mis proyectos bien encarrilados y dispondría de las ceremonias a hacer. Según las orientaciones budistas, pediría ser incinerado al menos tres días y medio después de mi muerte física. Primero intentaría practicar la transferencia de conciencia, otro de los seis yogas de Naropa, y si no lo consiguiera me concentraría sobre la Clara Luz, indagando ¿quién soy yo?, lo que me ha provocado experiencias de percepción de una gran luz, a la vez muy poderosa y muy dulce, lo que coincide con diversas tradiciones. San Juan dice: «el logos es la luz que ilumina a todo hombre que viene a este mundo», y muchos místicos cristianos hablan de esta experiencia de luz, como San Gregorio Palamas que habla de la «luz increada», y no hablemos ya del Corán, donde es muy conocida la aleya que dice: «Dios es luz sobre luz». En el budismo hay varias técnicas para simular y prepararse a la experiencia de la Clara Luz en la agonía, trabajando sobre la quintaesencia de las energías masculina y femenina presentes en el hombre. Lo cual recuerda que en francés el orgasmo es llamado la «pequeña muerte».

Según el budismo tántrico, la quintaesencia de los elementos (tierra, agua, fuego, aire) presentes en el cuerpo humano se van disolviendo unos en otros, lo que provoca experiencias diversas de sensaciones y visiones: vaho, humo, chispas, luz mortecina de una vela, espacio blanco luminoso, espacio rojo luminoso, espacio negro luminoso, Clara Luz.

Esta concepción es la base de las prácticas que pretenden transmutar nuestro cuerpo físico durante nuestra vida en un cuerpo de gloria.

En los relatos de experiencia inminente de muerte también se hallan frecuentes descripciones de una luz muy dulce (y también como nos juzgamos a nosotros mismos, muy lucidamente y sin escapatoria). Desde luego, es mejor estar acostumbrado desde ahora a tener este tipo de experiencia. Parece que el mayor problema de la gente al morir es una gran confusión. Las sensaciones son particularmente caóticas y fuertes, la mayoría de la gente ve como relámpagos, luces muy fuertes, oye sonidos atronadores. Por esto es muy importante hablar a los moribundos con mucha serenidad y ternura y explicarles todo lo que está ocurriendo, que no tenga miedo, que todo son creaciones de la mente, que son como sueños de los que tiene que despertar y ver las cosas tal como son. Uno puede realizar esta práctica en el lugar donde vivía esta persona porque parece que durante bastantes días (simbólicamente 49) su principio consciente va a seguir repitiendo mecánicamente lo que hacía en vida.

La lectura del *Bardo Todol* es útil para todos los seres, ya que las experiencias básicas son idénticas para todos. Espero que este comentario también pueda ser beneficioso.

Dedicado a Mireya Valero.<br>
Francis García Cuartiella.<br>
02-02-1994. BARCELONA.

# LIBRO PRIMERO

## EL *CHIKHAI BARDO* Y EL *CHONYID BARDO*

Que contienen la visión de la realidad en el estado intermedio: la gran liberación por la comprensión mientras dura el estado que sigue a la muerte, y que es causa de la profunda doctrina de la emancipación de la consciencia a través de la meditación en las tranquilas y en las irritadas Divinidades.

## LAS OBEDIENCIAS

Al Divino Cuerpo de la Verdad, a lo Incomprensible, la Luz sin límites.
Al Divino Cuerpo del don perfecto, el Loto, las Divinidades de la paz y las de la cólera.
A Padma Sambhava, encarnación del Loto y protector de los seres sensibles.
A los gurus, a los Tres Cuerpos, a quienes se debe obediencia.

## INTRODUCCION

La Gran Doctrina de la Liberación por la comprensión, que concede la libertad espiritual a los devotos de espíritu simple, en tanto están en el Estado Intermedio, se compone de tres divisiones: preliminares, motivo y conclusión. En primer lugar, pues, los preliminares, o sea los Libros Guías que sirven para la emancipación de los seres, y que, aunque bien estudiados, sóla la práctica constante y correcta ayuda a asimilar.

## LA TRANSFERENCIA DEL PRINCIPIO CONSCIENTE

Con los Libros Guía posiblemente los espíritus elevados se liberarán, pero, de no ser así, entonces, en el estado intermedio en el momento de la muerte, se ha de practicar la Transferencia con la que se logra de inmediato la liberación, simplemente recordándola.

Los devotos de espíritu simple han de ser liberados de dicho modo, pero si no lo fuesen, es que se hallan en el estado intermedio, período de experiencia de la realidad, y deberían seguir escuchando la Gran Doctrina de la Liberación por la comprensión. Para ello, los devotos deberían, ante todo, examinar los síntomas de la muerte según aparecen de modo gradual en los cuerpos de los moribundos, siguiendo la Liberación Personal mediante la observación de los Síntomas de la Muerte. Entonces, cuando los síntomas de la muerte están completos, es conveniente aplicar la Transferencia que da la liberación recordando simplemente.

## LA LECTURA DEL *THODOL*

Si, en efecto, ha sido realizada la transferencia, no es preciso leer el *Thodol*. Pero si la Transferencia no ha sido realizada, entonces el *Thodol* debe ser leído de modo correcto al lado del cuerpo del muerto. Si no lo hay, el lecho o sitio habitual del difunto han de ser ocupados por el lector que expondrá la fuerza de la Verdad. A continuación, invocando al muerto, y suponiendo que está presente y atento, leerá. Mientras lo hace ningún pariente o consorte debe llorar o gemir, lo que no es bueno. Por lo tanto, hay que obligarles a guardar silencio. De estar el cuerpo presente en el instante de la última espiración, el Lama que haya sido el guru del difunto, o un hermano de la Fe que practicaba, o un amigo muy allegado, poniendo su boca cerca del oído del muerto, pero sin llegar a tocar la oreja, leerá el Gran *Thodol*.

## MEDIO DE APLICACION DEL *THODOL* POR EL OFICIANTE

Si se pueden reunir grandes ofrendas, debe hacerse un homenaje a la Trinidad. De no ser esto posible, se intentará reunir algunos objetos en los que poder concentrar el espíritu y crear mentalmente, como adoración, una ilimitada ofrenda. Después hay que recitar siete veces, o bien tres, según las circunstancias, el «Sendero de los buenos deseos invocando la ayuda de los Budas y de los Bodisatvas». Después, el «Sendero de los buenos Deseos que protegen contra el miedo en el *Bardo*» y el «Sendero de los Buenos Deseos que libra de los peligrosos lazos en el *Bardo*». Todo ello ha de ser leído claramente con las entonaciones apropiadas. Es entonces el momento del Gran *Thodol*, que ha de ser leído siete o tres veces. En primer lugar está la confrontación con los síntomas de la muerte, como se producen en los momentos de la muerte; seguidamente la llamada viva, la confrontación con la Realidad durante el estado intermedio, y por fin los métodos para cerrar las puertas de las matrices cuando, en el estado intermedio, el muerto intenta renacer.

# PRIMERA PARTE

## EL *BARDO* DEL MOMENTO DE LA MUERTE

Instrucción sobre los síntomas de la Muerte o la primera parte del *Chikhai Bardo*: la Clara Luz Primordial vista en el momento de la muerte.

En el instante de la primera confrontación ante la Clara Luz, durante el estado intermedio de los momentos de la muerte, puede ocurrir que se hayan escuchado las enseñanzas religiosas sin, a pesar de todo, reconocerlas, mientras que los que las han reconocido pueden estar, sin embargo, poco familiarizados con ellas. Pero todos los que hayan recibido la enseñanza práctica de los *Guías* serán, si lo merecen, enfrentados a la Clara Luz fundamental y, sin ningún otro estado intermedio, lograrán el *Dharma-Kaya* sin nacimiento por la Gran Vía Ascendente.

*El modo de aplicación*

Lo mejor es contar, de ser posible, con un guru que dé al difunto las instrucciones precisas. De no poder contar con él, entonces hay que recurrir a un hermano de la fe, y si éste no puede acudir, deberá apelarse a cualquiera que sea capaz de leer claramente y de forma precisa el *Thodol* varias veces, lo cual recordará al muerto lo que había oído decir con referencia a la confrontación, podrá reconocer la Luz Fundamental y, sin duda, lograr la Liberación.

*¿Cómo y cuándo es preciso proceder?*

Una vez ha cesado la espiración, la fuerza vital cae en el centro nervioso de la Sabiduría y «El Conocedor» experimentará la Clara Luz de la condición natural. Así, al ser proyectada la fuerza vital en forma de corriente descendente a lo largo de los nadis derecho e izquierdo, aparecerá momentáneamente el estado intermedio o de transición.

Estas directrices han de ser aplicadas antes de que la fuerza vital se extienda por el nadi izquierdo tras haber atravesado los centros nerviosos del ombligo. El tiempo normal preciso para este movimiento de fuerza vital dura en tanto haya respiración, poco más o menos el tiempo que se requiere para tomar una comida.

*Modo de aplicación de estas instrucciones*

Cuando la respiración está a punto de acabar, es conveniente que la Transferencia haya sido ya hecha; pero si no ha sido efectuada, entonces hay que pronunciar las siguientes palabras:

«¡Oh, noble hijo! (aquí el nombre del moribundo), ha llegado para ti el tiempo de buscar el Sendero. Tu aliento va a cesar. Tu guru te ha colocado frente a la Clara Luz. Y ahora la vas a conocer en su Realidad, en el estado del *Bardo*, donde todas las cosas son como el cielo vacío y sin nubes, y donde el intelecto desnudo y sin mácula es como una vacuidad transparente sin circunferencia ni centro. Conócete ahora a ti mismo y permanece en este estado. Yo, a mi vez, te establezco en este momento en esta confrontación».

Una vez leído esto, hay que repetirlo varias veces al oído del moribundo, para que, antes de que cese la respiración, le quede bien grabado en su espíritu. De estar a punto de cesar la respiración hay que girar el cuerpo del moribundo hacia la derecha, en la postura llamada de «león acostado». El latido de las arterias, a derecha e izquierda del cuello, debe ser comprimido. De tener el moribundo tendencia a dormir, o si le vence el sueño, hay que evitarlo, para lo cual debe presionarse suavemente sobre las arterias, pero con firmeza. De este modo la fuerza vital no podrá regresar al nervio medio y saldrá con seguridad por la abertura brahmánica. Es entonces cuando debe ser hecha la real confrontación. Y es ahora cuando la primera percepción en el *Bardo* de la Luz Clara de la Realidad, espíritu perfecto del *Rhama-Kaya*, es experimentada por todo ser animado.

Durante el intervalo entre el cese de la respiración y el de la inspiración, la fuerza vital permanece en el nervio mediano. Se dice comúnmente que es en este momento cuando se pierde la conciencia, aunque la duración de este instante es incierta, dependiendo de la buena o mala constitución de los nervios y de la fuerza vital. Pero incluso entre quienes no han tenido sino una pequeña experiencia práctica del estado firme y tranquilo del *dhyana*, y en los que tienen los nervios equilibrados, este momento dura bastante.

Para establecer la confrontación, hay que repetir las palabras antes descritas dirigidas al moribundo, hasta que un líquido amarillento empiece a asomar por las diversas aberturas del cuerpo. En aquellos que han llevado una mala vida, o en los que tienen los nervios mal equilibrados, dicho estado sólo dura lo que un chasquido de dedos. En otros puede durar el tiempo que se precisa para tomar una comida. En algunos *Tantras* se dice que este estado de desvanecimiento dura alrededor de tres días y medio. Otros tratados religiosos elevan ese tiempo a cuatro días, durante los cuales debe ser efectuado el enfrentamiento con la Clara Luz.

## Modo de aplicación de estas instrucciones

Si el moribundo es capaz por sí mismo de reconocer los síntomas de la próxima muerte, puede realizar la Luz Clara él solo. De ser incapaz de hacerlo, un guru, un *shishya* o un hermano de la fe con quien el moribundo estuviese muy unido, debe permanecer a su lado e imprimir en su espíritu los síntomas de la muerte, que aparecen en el moribundo por su orden natural, repitiendo: «Es llegado el momento en que la tierra se disuelve en el agua, el agua en el fuego y el fuego en el aire».

Cuando todos los síntomas de la muerte estén finalizando, se debe pronunciar en voz baja y al oído del moribundo este mandato: «¡Oh, noble hijo! (de ser un sacerdote; ¡Oh, venerable señor!), no permitas que tu espíritu se distraiga». Si se tratase de un hermano de la fe o de alguna otra persona, se le debe llamar por su nombre, añadiendo: ¡Oh, noble hijo!, habiendo llegado para ti lo que damos en llamar muerte, toma esta resolución: "Esta es la hora de mi muerte. Aprovechando esta muerte obraré en bien de todos cuantos seres conscientes pueblan las inmensidades ilimitadas de los cielos con objeto de obtener el estado perfecto de Buda, en virtud del amor y la compasión que hacia ellos dirigiré, encaminando mi concentrado esfuerzo sólo hacia la Perfección"». Y añadid: «Dirigiendo así tus pensamientos —particularmente en el instante en que el *Dharma-Kaya* de la Luz

Clara puede ser llevado a cabo en el estado que sigue a la muerte por el bien de todos los seres conscientes— aprende a reconocer que estás en este estado y resuélvete a obtener el mayor bien de este estado del Gran Símbolo en el cual estás, y piensa: "Incluso si no puedo realizarlo, reconoceré este *Bardo* y haciéndome dueño del Gran Cuerpo del Universo en *Bardo*, sea cual sea su apariencia, obraré en beneficio de todo ser viviente. Y serviré a los infinitos seres sensibles, como lo son los límites del cielo". Sintiéndote ligado a esta resolución, debes tratar de recordar las prácticas devotas a las que estabas acostumbrado durante tu vida.»

Todo esto se dirá con los labios cerca de la oreja del difunto, repitiéndolo de forma clara para que quede impreso de un modo seguro en el agonizante, impidiendo así que su espíritu se extravíe ni un solo momento.

Cuando cese completamente la expiración, hay que apretar con fuerza el nervio del sueño, y si se trata de un Lama o de una persona más elevada o más instruida que uno mismo, es preciso recitar con fuerza estas palabras: «Reverendo señor, ahora penetras en la Clara Luz Fundamental. Procura permanecer en el estado que estás experimentando en este momento». De tratarse de otras personas, se hará la confrontación del siguiente modo: «¡Oh, noble hijo (aquí el nombre), escucha! Ahora sufres la radiación de la Clara Luz de Pura Realidad. Reconócela. ¡Oh, noble hijo!, tu conocimiento actual, vacío en realidad, sin característica y sin color, vacío de naturaleza, es la Verdadera Realidad, la Bondad Universal. Tu intelecto, cuya verdadera naturaleza es el vacío, pero que no debe ser mirado como el vacío de la nada sino como la misma inteligencia sin trabas, brillante, universal y feliz, es la conciencia misma: el Buda universal bueno. Tu propia conciencia, en modo alguno formada, vacía en realidad, y la brillante y gozosa inteligencia, son inseparables. Su unión es el *Dharma-Kaya*: el estado de perfecta iluminación. Tu conciencia, brillante, vacía e inseparable del Gran Cuerpo de Esplendor, no tiene nacimiento ni muerte y es la inmutable Luz del Amitaba Buda. Este conocimiento basta. Reconocer el vacío de tu propio intelecto como el estado de Buda y considerarlo como tu propia conciencia es continuar en el espíritu divino de Buda.»

Esto hay que repetirlo de forma clara tres e incluso siete veces, recordando así al espíritu del moribundo la enseñanza de la confrontación que le fue concedida durante su vida por el guru. Además, hará reconocer a la conciencia despojada como siendo la Clara Luz. Y por último, reconociendo su propia esencia, el moribundo se une de forma permanente al *Dharma-Kaya*, y la Liberación será un hecho verdadero.

### INSTRUCCIONES CONCERNIENTES AL SEGUNDO ESTADO TRANSITORIO DEL *CHIKHAI BARDO*: LA CLARA LUZ SECUNDARIA VISTA INMEDIATAMNTE DESPUÉS DE LA MUERTE

Si la Clara Luz Primordial ha sido reconocida, ha hecho alcanzar la Liberación. Pero, de no haber podido ser reconocida, entonces se puede asegurar con certeza que el difunto verá la Clara Luz Secundaria que se producirá en, aproximadamente, «el tiempo que dura una comida», una vez que la última expiración se ha producido.

Según que el *Karma* sea bueno o malo, la fuerza vital desciende por el nadi derecho o el izquierdo y se va por una de las aberturas del cuerpo, presentándose entonces un estado de lucidez.

El estado de Clara Luz Primordial puede durar «el tiempo preciso para hacer una comida», dependiendo ello de la buena o mala condición de los nervios y, asimismo, del estudio de la confrontación hecha durante la vida. Cuando los Principios-Conscientes salen del cuerpo, el difunto se pregunta: «¿Estoy o no muerto?», y le es imposible determinarlo; ve a sus allegados, a quienes le rodean, igual que los veía antes. Oye sus sollozos. Las ilusiones kármicas de terror no se presentan aún, como tampoco las apariciones o experiencias producidas por el Señor de la Muerte (*Gshinrjé*). Durante este intervalo el Lama o el lector debe seguir las instrucciones del *Thodol*.

Hay devotos del período de perfección y del estado de visión. De dirigirse a un devoto del estado de perfección, hay que llamarle tres veces por su nombre, repitiendo varias veces las palabras de confrontación con la Clara Luz, explicadas en el primer capítulo. Si se trata de un devoto del estado de visión, entonces hay que leer los rezos de introducción y el texto de la Meditación sobre su divinidad tutelar, y a continuación decirle: «¡Oh, noble hijo!, medita a propósito de tu divinidad protectora (intercalando el nombre de dicha divinidad). No te distraigas. Concentra tu espíritu en tu divinidad tutelar, medita acerca de ella como si fuese el reflejo de la Luna en el agua, aparente, pero inexacto en realidad. Medita a propósito de ella como si se tratara de un ser que tuviese cuerpo físico». De este modo esta idea se imprimirá en el espíritu del muerto. De ser el muerto un espíritu simple, decid: «Medita en el Señor de la Gran Compasión».

Así confrontados, incluso aquellos a quienes se juzgaría incapaces de reconocer, sin ayuda, el *Bardo*, estarán, a no dudar, en condiciones de reconocerle. Los que durante su vida han estudiado con un guru la Confrontación, aunque sin familiarizarse con ella, no podrán reconocer por sí solos el *Bardo*, debiendo ayudarles en dicho momento un guru o un hermano de la fe. También podría haber quienes, habiéndose entrenado en la enseñanza, no puedan resistir mentalmente a la ilusión, por causa de una muerte demasiado violenta. Para éstos es absolutamente necesaria la instrucción.

Hay quienes, por otra parte, no obstante estar acostumbrados a la enseñanza, merecen pasar a un estado estable, a causa de no haber cumplido ciertos votos, o al honesto cumplimiento de obligaciones esenciales. Para éstos esta instrucción es asimismo absolutamente necesaria. Si el primer estado del *Bardo* ha sido advertido inmediatamente, perfecto. De no ser así, mediante la aplicación de esta llamada al muerto en el segundo estado, el intelecto es despertado y puede alcanzar la liberación. Durante el segundo estado del *Bardo*, el cuerpo está en el estado llamado «cuerpo de ilusión brillante». No sabiendo si está o no muerto, llega a un estado de lucidez. Si las instrucciones son aplicadas con éxito al muerto durante este estado, el *karma* no podrá impedir su encuentro con la Realidad-Madre y con la Realidad de descendencia. Del mismo modo como los rayos del sol disipan las tinieblas, la Clara Luz disipa las potencias del *karma*. Lo que es llamado el segundo estado del *Bardo* se levanta para iluminar el cuerpo-pensamiento. «El Conocedor» permanece en el lugar donde sus actividades han sido limitadas. Si en aquel momento toda esta enseñanza especial ha sido aplicada de un modo eficaz, entonces el propósito es conseguirlo, pues las ilusiones kármicas no han llegado todavía para arrastrar de aquí para allá al muerto, apartándole de su propósito de realizar la iluminación.

# SEGUNDA PARTE

## EL *BARDO* DE LA EXPERIENCIA DE LA REALIDAD

Instrucciones preliminares referentes a la Experiencia de la Realidad durante el tercer estado transitorio, llamado el *Chonyid Bardo*, cuando las visiones kármicas aparecen

Aun cuando no haya sido reconocida la Clara Luz primordial, de reconocerse la Clara Luz del segundo *Bardo* se alcanzará la Liberación. Si, por el contrario, la Liberación no ha tenido lugar, entonces empieza lo que es llamado el Tercer *Bardo* o *Chonyid Bardo*. En este tercer estado del *Bardo* se producen las ilusiones kármicas, siendo muy importante que la gran confrontación del *Chonyid Bardo* sea leída, porque tiene un gran poder benéfico.

Es en este momento cuando el difunto ve que la parte de su comida es apartada, que su cuerpo es despojado de sus vestidos y que ha sido barrido el sitio donde estaba la manta sobre la cual descansaba.

Es capaz de oír los llantos y gemidos de sus amigos y parientes, y especialmente los ve y oye cómo le llaman, pero como éstos no pueden saber que les responde, se va desesperado. Al momento se le manifiestan sonidos, luces, radiaciones, ocasionándole miedo y terror, así como gran fatiga. Es ahora cuando se debe aplicar la confrontación con el *Bardo* de la realidad, por lo que, llamando al muerto por su nombre, de modo claro y distintamente, se le han de dar las siguientes explicaciones:

«¡Oh, noble hijo!, escucha con atención y sin distraerte. Hay seis estados transitorios del *Bardo*, que son: el estado natural del *Bardo* durante la concepción; el *Bardo* del estado de los ensueños; el *Bardo* del equilibrio extático en la meditación profunda; el *Bardo* del momento de la muerte; el *Bardo* de la experiencia de la realidad y el *Bardo* del proceso inverso de la existencia samsariana. Estos son los seis estados.

»¡Oh, noble hijo!, ahora vas a experimentar tres *Bardos*: el del momento de la muerte, el de la experiencia de la realidad y el de la búsqueda del renacimiento. Hasta ahora, de estos tres *Bardos* has experimentado el del momento de la muerte. Y aunque la Clara Luz de la Realidad haya lucido sobre ti, no has logrado permanecer en ella y ahora has de vagar aquí. Por el momento vas a experimentar el *Chonyid Bardo* y el *Sidpa Bardo*. Observa con mucha atención lo que voy a mostrarte y mantente firme.

»¡Oh, noble hijo!, lo que se llama la muerte ha llegado para ti. Dejas el mundo, pero no eres el único en hacerlo; la muerte llega a todos. No continúes atado a esta vida por el sentimiento y por debilidad. Pues aunque quisieras hacerlo por debilidad, no tendrías poder bastante para permanecer aquí, no pudiendo lograr otra cosa que errar por el *Samsara*. No te empeñes en lo imposible, no seas débil. Acuérdate de la preciosa Trinidad (el Buda, el Dharma, el Sangha).

»¡Oh, noble hijo!, sea cual sea el miedo y el terror que puedan asaltarte en el *Chonyid Bardo*, no olvides mis palabras, y guardando la significación de las mismas en tu corazón, avanza llevándolas como divisa, pues en ellas se encierra el secreto vital del conocimiento.

»"¡Ay!, cuando la Experiencia de la Realidad luce sobre mí, una vez rechazado todo pensamiento de miedo, de terror, de temor a las apariencias, séame dado conocer que toda aparición es un reflejo de mi propia conciencia: y que pueda reconocerlas como de la naturaleza de las apariciones del *Bardo*. En este importante momento de cumplir un gran fin, que me sea concedido no temer a las tropas de Divinidades apacibles e irritadas que no son otra cosa que mis propias formas-pensamientos."

»Repite estas palabras con claridad recordando su significado, y dejando de pronunciarlas, sigue. Con ello cualquier visión de temor o de terror que aparezca, será reconocida sin duda. No olvides el arte secreto vital que encierran tales experiencias.

»¡Oh, noble hijo!, en el instante en que tu cuerpo y tu espíritu se han separado, has conocido el fulgor de la Verdad Pura, sutil, centelleante, brillante, resplandeciente, gloriosa y radiantemente impresionante bajo la apariencia de un espejismo cruzando un paisaje primaveral y un continuo fluir de vibraciones. No quedes subyugado, aterrorizado ni temeroso. Todo ello no es más que irradiación de tu propia y verdadera naturaleza. Aprende a reconocerlo.

»Del centro de esta irradiación surgirá el sonido natural de la Realidad repercutiendo de modo simultáneo igual que un millar de truenos. Este es el sonido natural de tu propio y verdadero ser. No quedes subyugado, aterrorizado ni temeroso. El cuerpo que ahora tienes es llamado el cuerpo-pensamiento de las tendencias. Desde que ya no tienes un cuerpo material de carne y de sangre, sea lo que sea que pueda suceder: sonidos, luces o radiaciones, nada de esto puede hacerte daño, pues ya te es imposible morir. Bástete, y esto es suficiente para ti, saber que estas apariciones son tus propias proyecciones. Aprende a reconocer que esto es el *Bardo*.

»¡Oh, noble hijo!, si no reconoces tus propias formas-pensamientos, a pesar de las meditaciones o actos de devoción practicados por ti en el mundo humano —si no has escuchado esta presente enseñanza—, los fulgores te subyugarán, los sonidos te llenarán de miedo, los rayos te aterrorizarán. Si no conoces la clave absoluta de estas enseñanzas y no eres capaz de reconocer los sonidos, las luces y las radiaciones, estarás obligado a vagar por el *Samsara*.»

## EL ALBA DE LAS DIVINIDADES APACIBLES DEL PRIMERO AL SEPTIMO DIA

Presumiendo que el difunto está obligado por su *karma* (lo que les ocurre a la mayoría) a atravesar los cuarenta y nueve días de existencia del *Bardo*, a pesar de las frecuentes confrontaciones que le son leídas, le son explicados aquí en detalle los juicios y peligros que tendrá que afrontar y de los que deberá triunfar durante los siete días de las apariciones de las Divinidades apacibles. El primero de estos siete días es señalado por el texto en el momento en que normalmente comprende que ha muerto y está en camino del renacimiento; este día cae poco más o menos tres y medio o cuatro después de la muerte.

*Primer día*

«¡Oh, noble hijo!, has estado desvanecido durante los tres días y medio últimos. Cuando salgas de esta nada, te preguntarás: "¿Qué ha pasado?". Actúa de modo que puedas reconocer el *Bardo*. En este momento el *Samsara* estará,

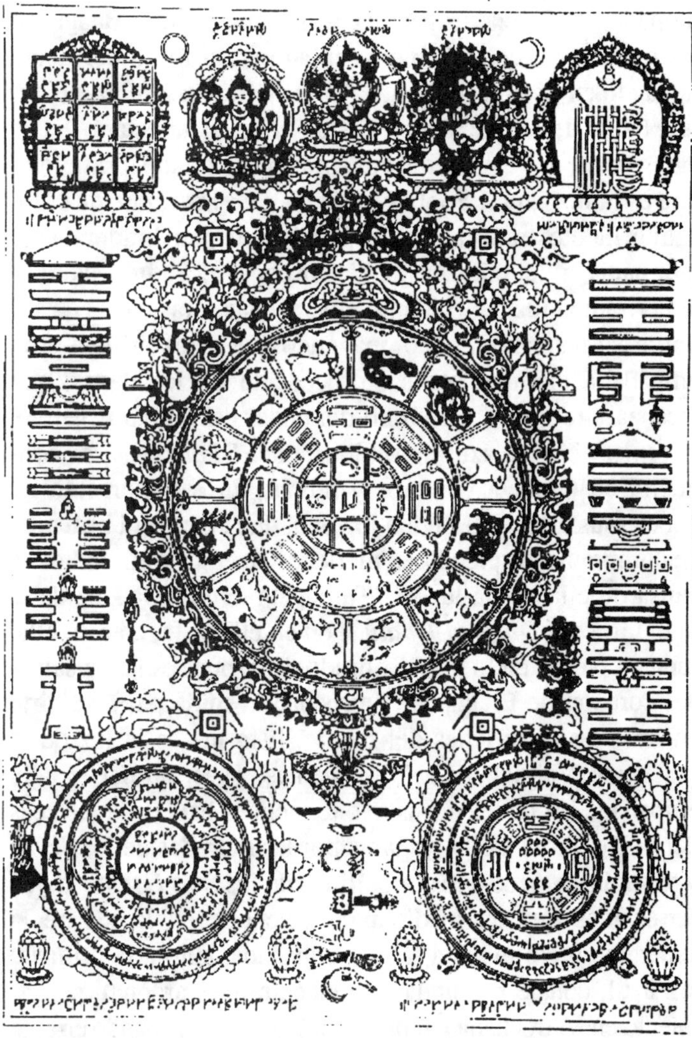

o a ti te lo parecerá, transformado, y los aparentes fenómenos que verás seán radiaciones y deidades. Los cielos te parecerán de un azul oscuro. Entonces, del Reino Central, llamado «la fuerza proyectiva de la simiente», el Bhagavan Vairochana de color blanco, sentado en el trono del León, llevando en una mano la rueda de ocho rayos y enlazado por la Madre del Espacio del Cielo, se te manifestará. Es la agregación de la materia constituida en estado primordial que es la luz azul. La sabiduría del *Dharma-Dhatu*, de color azul brillante, transparente, espléndida, deslumbradora, brotará hacia ti del corazón de Vairochana, el Padre-Madre, y te herirá una luz tan brillante, que apenas serás capaz de soportar su resplandor. Acompañando a esta luz brillará otra, empañada claridad blanca, procedente de los devas, que alcanzará tu frente. En virtud del poder del *karma* negativo, la espléndida luz azul de sabiduría del *Dharma-Dhatu* producirá en ti miedo y terror y huirás. En ese momento no debes asustarte de la divina luz azul que aparecerá brillante, deslumbrante, espléndida, ni debes quedar sorprendido a causa de ella. Es la luz del Tathagata (Buda), la Luz de la Sabiduría del *Dharma-Dhatu*. Pon en ella tu fe, cree en ella, ruega y piensa en lo más profundo de ti, pues es la luz salida del corazón de Bhagavan Vairochana venida para recibirte en los pasajes difíciles del *Bardo*. Esta luz es la luz de la gracia de Vairochana. No te sientas, pues, atraído por la empañada luz de los devas. No te inclines hacia ella, no seas débil. De unirte a ella, vagarás por las moradas de los devas y te verás arrojado a los torbellinos de los Seis *Lokas*, lo que no es más que un medio para detenerte en la vía de la Liberación. No mires a la luz empañada, sino a la brillante luz azul, con fe profunda, y concentra con ardor tu pensamiento en Vairochana y repite conmigo: "¡Ay!, cuando errante en el *Samsara* a causa de una intensa ignorancia, que por el radiante camino de la sabiduría del *Darma-Dhatu*, pueda conducirme al Bhagavan Vairochana; que pueda la Divina Madre del Espacio infinito seguirme; que pueda ser conducido con seguridad a través de las emboscadas del *Bardo*; que pueda ser conducido al estado del Todo perfecto Buda".

»Al decir esto con fe humilde y profunda, te fundirás en el luminoso halo del arco iris del corazón de Vairochana y obtendrás el estado de Buda en el *Sambhog-Kaya*, el reino central de la Densa Concentración.

## *Segundo día*

Pudiera suceder que, a pesar de esta confrontación, el muerto, a causa de la fuerza de la cólera o de su *karma* negativo, alarmado por la luz espléndida, huyese, o se dejase dominar por las ilusiones a pesar de las palabras anteriores. Entonces, el segundo día Vajra-Sattva y las deidades que le rodean, así como las malas acciones del muerto que le han valido el infierno, vendrán a acogerle. Para la confrontación, en este caso, es necesario llamar al muerto por su nombre y decirle:

«¡Oh, noble hijo!, escucha con atención. El segundo día, la pura forma del agua brillará como una luz blanca. En este momento, del reino de la sublime sabiduría, que es el reino azul oscuro del Este, el Bhagavan Akshobhya Vajra-Sattva de color azul, llevando en su mano el *dorje* de cinco puntas, sentado en el trono del elefante y enlazado por la Madre Mamak, se te aparecerá rodeado de los Bodisatvas Kshitigarbha y Maitreya, y de las Bodisatvas femeninas Lasema y Pusfema. Se te aparecerán, pues, estas seis divinidades bódicas. Entonces, el agregado de tu principio de conciencia, en su forma más pura, a saber "La Sabiduría, semejante al Espejo", brillará como una luz clara, radiante y blanca que sale del corazón de Vajra-Sattva, el Padre-Madre. Tan deslumbrante, brillante y transparente, que apenas si podrás mirarla, y esta luz brotará hacia ti. Una empañada claridad grisácea procedente del Infierno aparecerá junto a la luz de la "Sabiduría, semejante al Espejo", y vendrá también a herirte. Entonces, por la fuerza de la cólera, quedarás sorprendido y aterrado a causa de la luz blanca y querrás huir; y te sentirás atraído por la empañada luz grisácea del Infierno. Actúa de tal modo que no quedes espantado por la luz blanca, brillante y transparente. Reconócela como la luz de la sabiduría. Pon en ella tu fe humilde y profunda, pues se trata de la luz de la gracia de Bhagavan Vajra-Sattva. Piensa con fe: "Ella será mi refugio" y ruega. Tienes ante ti al Bhagavan Vajra-Sattva que llega a recibirte y te salvarás de los temores y horrores del *Bardo*. Cree en su Luz, que es "El anzuelo de los rayos de la gracia", mediante el cual Vajra-Sattva te salvará.

»No te sientas atraído por la empañada claridad grisácea del Infierno. Es el *karma* negativo acumulado por tu cólera violenta quien abre este camino. Si sigues esta atracción caerás en los mundos-infiernos, donde deberás soportar una gran miseria sin que te sea fijado un tiempo determinado para salir de ellos. Esto sería una interrupción destinada a detenerte en la vía de la Liberación. No mires, pues, alrededor, y evita la cólera. No te sientas atraído por todo esto. No seas débil. Cree en la blanca Luz deslumbradora y brillante y, poniendo tu corazón en Bhagavan Vajra-Sattva, di: "¡Ay!, en el instante en que yerre por el *Samsara* por obra del poder de la cólera violenta, en el camino luminoso de la Sabiduría semejante al Espejo, ¡ojalá pueda ser conducido por Bhagavan Vajra-Sattva! ¡Que pueda la Divina Madre Mamaki seguirme y protegerme! ¡Que pueda ser conducido con seguridad a través de las emboscadas del Bardo y alcanzar el estado perfecto de Buda!"

»Dicho esto con fe humilde y profunda te fundirás en el

halo del arco iris del corazón de Bhagavan Vajra-Sattva y obtendrás el estado de Buda en el *Sambhoga-Kaya* del reino del Este, llamado el reino de la Suprema Dicha.»

*Tercer día*

Incluso tras esta confrontación, hay muertos que, por efecto del *karma* negativo y por obra del orgullo, huyen al anzuelo de la luz de la gracia. A éstos, el Baghavan Ratna-Sambhava y las deidades que lo acompañan a lo largo del camino luminoso procedente del mundo humano, vendrán a recibirles el Tercer Día.

De nuevo, llamando al difunto por su nombre, hay que guiarlo con la siguiente confrontación:

«Oh, noble hijo, escucha con atención. Durante el Tercer Día, el elemento Tierra en su estado puro, brillará como una luz amarilla. Al mismo tiempo, el Baghavan Ratna-Sambhava, de color amarillo, aparecerá ante ti en todo su esplendor desde el Reino amarillo del Sur, sosteniendo en la mano una joya y sentado en el trono del Caballo, enlazado por la Madre Divina Sangyay-Chanma. Viene acompañado por los dos Bodisatvas, Akasha-Garbha y Samanta Bhadra, y las dos Bodisatvas femeninas, Mahlaima y Dhupema. En total, las seis formas búdicas brillarán sobre ti en medio de un luminoso arco iris. La luz amarilla del tacto en su pureza básica, representada por la Sabiduría de la Ecuanimidad, de fulgor amarillo, glorificada con discos de luz, tan brillantes y claros que el ojo apenas podrá mirarlos, brotará hacia ti. Al mismo tiempo, junto con la luz de la Sabiduría, un tenue resplandor azul-amarillo, reflejo del mundo humano, atravesará también tu corazón. En estos momentos, por causa de la    fuerza del egoísmo, tendrás miedo de la luz amarilla y querrás escapar. Mas serás atraído por el empañado resplandor azul-amarillo del mundo humano. No temas, pero, a la deslumbrante luz amarilla, transparente, y reconócela como la Luz de la Sabiduría; resignando firmemente tu espíritu, cree en ella con firmeza y humildad. Si logras reconocerla mediante la irradiación de tu propia mente, incluso si no has practicado la humildad, la fe y la oración, el divino cuerpo de la Luz se fundirá en ti indisolublemente y obtendrás el estado de Buda.

»De no poder reconocer la radiación de tu propio intelecto, piensa con fe: "Se trata de la radiación de la gracia de Bhagavan Ratna-Sambhava. En ella buscaré mi refugio" y a continuación ruega, pues es el "anzuelo de los rayos de gracia" del Bhagavan Ratna-Sambhava; cree, sí, en esta luz. Y no te sientas atraído por la empañada luz azul-amarillo del mundo humano. Es la acumulación de tus inclinaciones y de tu gran egoísmo lo que ha abierto este camino. Si te ves atraído hacia él, renacerás en el mundo humano y tendrás que padecer el nacimiento, la vejez, la enfermedad y la muerte, sin poder salir del pantanoso charco de la existencia del mundo. Esto es una interrupción destinada a detenerte en la vía de la Liberación. No mires nada, deja el egoísmo, deja tus inclinaciones, no te sientas atraído hacia todas estas cosas y muéstrate fuerte. Actúa creyendo en la luz brillante y deslumbradora. Deposita tu pensamiento, ardiendo de concentración, en el Bhagavan Sambhava y piensa lo siguiente: "¡Ay!, en el momento en que vague por el *Samsara*, por culpa de la fuerza del egoísmo, por el camino de la Sabiduría y de la igualdad, ¡ojalá pueda recibirme el Bhagavan Ratna-Sambhava! ¡Que pueda la Divina Madre, ella que tiene el ojo de Buda, seguirme! ¡Que pueda ser conducido con toda seguridad, sorteando las emboscadas del *Bardo*, y llegar al estado enteramente perfecto de Buda!"

»Pronuncia estas palabras con profunda humildad y te fundirás en la luz del arco iris del corazón de Bhagavan Ratna-Sambhava, el divino Padre-Madre y lograrás el estado de Buda en el *Sabhoga-Kaya* del Reino del Sur dotado de Gloria.»

*Cuarto día*

Con tales concentraciones, por débiles que sean las facultades mentales, se obtiene sin duda la Liberación. Sin embargo, a pesar de estas advertencias repetidas, son muchos los hombres que han creado mucho mal *karma*, o que han faltado a sus votos, o que todavía no han merecido un desarrollo más elevado, siendo, además, incapaces de reconocer todo esto. Su ignorancia, su mal *karma*, ocasionado por sus deseos inmoderados y por la avaricia, hacen que sean espantados por sonidos y radiaciones, y entonces huyen.

Si el muerto es uno de éstos, al cuarto día, el Bhagavan Amitabha y las divinidades que le rodean, seguidas del fulgor del *Preta-Loka* causado por la avaricia y la no dejación de sus vicios, saldrán de modo simultáneo a recibirle.

Entonces, llamad otra vez al muerto por su nombre y decidle:

«¡Oh, noble hijo!, escucha con atención. Al cuarto día, la luz roja, que es la forma primaria del elemento Fuego, brillará. En ese momento, del Reino de occidente y rojo de la Dicha, el Bhagavan Buda Amitabha, de color rojo, llevando en una mano un loto, y estando sentado en el trono del pavo real, enlazado por la Madre Divina Gokarmo, aparecerá ante ti acompañado de los Bodisatvas Ghrazee y Jampal y de las Bodisatvas femeninas Ghirdima y Aloke. Estos seis cuerpos de iluminación brillarán ante ti rodeados de una aureola de luz. La forma primitiva del agregado de las sensaciones, representada por la luz roja de la Sabiduría de todo discernimiento, de un rojo brillante, esplendente, deslumbrante, surgiendo del corazón del Divino Padre-Madre Amitaba brotará junto a tu corazón con tanta brillantez que apenas podrás mirarla. Acompañando a esta luz, un atenuado resplandor rojizo venido del *Preta-Loka* brillará también hacia ti. Actúa de modo de no sentirte atraído hacia él. Muéstrate fuerte porque en ese momento, por la fuerza intensa de esta afición quedarás aterrorizado por la deslumbrante luz roja y huirás. Te sentirás atraído por el atenuado resplandor rojizo del *Preta-Loka*, pero no debes espantarte. Si eres capaz de reconocerla como la de la Sabiduría y hacer que tu espíritu permanezca resignado, te fundirás en ella y alcanzarás el estado de Buda. De no poder reconocerla, piensa: "Son los rayos de la gracia de Bhagavan Amitaba, en la cual buscaré refugio", y ruégale con humilde fe. Es "el anzuelo de los rayos de gracia" de Buda Amitaba. Ten confianza. No huyas. Aun si lo haces, la Luz te seguirá, pues es inseparable de ti. No tengas miedo. No te sientas atraído por el atenuado resplandor rojizo del *Preta-Loka*. Es el resplandor causado por la acumulación de tus sentimientos de inclinación al *Samsara* que se manifiestan en ti. De permanecer unido, caerás en el mundo de los espíritus desgraciados y sufrirás hambre y sed intolerables. No tendrás oportunidad de alcanzar la Liberación en ese estado. Es una interrupción que para ti ocluye la vía de la Liberación. No te aferres a nada y abandona tus tendencias habituales. No te muestres débil. Cree en la brillante y deslumbradora luz roja. Concentra tu fe en el Bhagavan Amitaba, el Padre-Madre, y di: "¡!Ay!, en el momento en que vague en el *Samsara* a causa del poder de la intensa inclinación, en el radiante camino del Saber de todo discernimiento, ¡ojalá me conduzca Bhagavan Amitaba! ¡Que la Divina Madre, la que va vestida de blanco, pueda seguirme para preservarme! ¡Que pueda ser conducido con seguridad a través de las emboscadas del *Bardo* y ser colocado en estado perfecto de Buda!"

»Pensando así, con humilde y profunda fe, te fundirás en el halo del arco iris del corazón del Bhagavan Amitaba y lograrás el estado de Buda en el *Sambogha-Kaya* del Reino del Oeste, llamado el Reino feliz.»

*Quinto día*

Es imposible que de este modo no seas liberado. Sin embargo, a pesar de esta confrontación, ciertos seres animados por una larga asociación con sus tendencias, incapaces de abandonar sus costumbres y cargados del mal *karma* de la envidia, quedan aterrorizados por los sonidos y los rayos. No habiendo podido cogerles el «anzuelo de los rayos de la gracia», se ven obligados a rondar hasta el quinto día.

Si se es uno de estos seres, este día el Bhagavan Amogha-Siddhi, rodeado de sus divinidades y de los luminosos rayos de su gracia, vendrá a recibirte. La confrontación consiste en llamar al muerto por su nombre y decirle:

«¡Oh, noble hijo!, escucha con atención. Al quinto día, la luz verde de la forma primitiva del elemento aire brillará sobre ti. En este momento, del Reino del Norte del cumplimiento feliz de las mejores acciones, brillará sobre ti el Bhagavan Buda Amogha-Siddhi, de color verde, llevando en una mano el *dorje* y sentado en el trono de las arpías voladoras, enlazado por la Divina Madre, la Fiel Dolma, acompañado de sus asistentes, los dos Bodisatvas Chag-na-Dorje y Dib-panamsel, seguidos de las dos Bo-disatvas femeninas Gandhema y Nidhema. Estas seis formas bódicas brillarán rodeadas de un halo de luz.

»El agregado de la voluntad, en su forma primigenia de la luz de la Sabiduría, que todo lo puede realizar, de un verde sorprendente, transparente, radiante, magnífico y aterrador, rodeado de orbes de radiación, y saliendo del corazón del Divino Padre-Madre Amogha-Siddhi como un rayo verde deslumbrador, te herirá en el corazón y apenas podrás mirarle. Pero no le temas. Es al poder natural de la sabiduría a lo que estarás mirando. Permanece con gran resignación e impasible.

»Acompañando a esta luz verde, un empañado resplandor verde oscuro, causado por los sentimientos de envidia, vendrá del *Asura-Loka* a brillar sobre ti. Medita a propósito de él con imparcialidad, sin repulsión pero sin atracción. No te aferres a esta luz. Si tu potencia mental es débil, no sientas afecto hacia ella, porque, por el influjo de la intensa envidia, quedarás aterrado por la deslumbrante radiación de la luz verde y querrás escapar. Te sentirás atraído por el empañado resplandor verde oscuro del *Asura-Loka*. Pero no has de temer a la luz verde magnífica, transparente, radiante y deslumbrante; reconócela como de la Sabiduría y, en este estado, permite a tu espíritu que se fije en la resignación. O bien piensa: "Es el anzuelo de los rayos de la gracia, de Bhagavan Amogha-Siddhi, que es la Sabiduría que realiza todo". Cree esto también. No huyas. Incluso si huyes, la luz verde te seguirá, pues es inseparable de ti. No tengas miedo de ella. No te sientas atraído por el empañado verde oscuro del *Asura-Loka*. Es el *karma* adquirido por los celos que viene a recibirte. Si te dejas atraer por él caerás en el *Asura-Loka*, donde tendrás que soportar insufribles desdichas, querellas y guerras. Se trata de una interrupción para detenerte en la vía de la Liberación. Abandona tus tendencias habituales. No seas débil. Ten fe en la claridad verde deslumbrante y, concentrando todo tu pensamiento en el divino Padre-Madre, el Bhagavan Amogha-Siddhi, di esto: "¡Ay!, en el instante en que vague por el *Samsara* en virtud de la fuerza de la intensa envidia, en el camino radiante de la Sabiduría que realza todo, ¡ojalá pueda conducirme el Bha-gavan Amogha-Siddhi! ¡Que la Divina Madre, la Fiel Tara, pueda seguirme a través de vaguadarme, y ser conducido con seguridad a través de las emboscadas del *Bardo*! ¡Y que pueda ser colocado en el estado perfecto de Buda!"

»Pensando así, con humildad y fe, te fundirás en el halo de luz del arco iris del corazón del Divino Padre-Madre, el Bhagavan Amogha-Siddhi, y lograrás el estado de Buda en el *Sambogha-Kaya* del Reino del Norte de las Buenas acciones acumuladas.»

*Sexto día*

Siendo así confrontado en cada pasaje, por débiles que sean sus relaciones kármicas, la muerte ha debido de ser reconocida en uno u otro de ellos. Sin embargo, a pesar de las confrontaciones frecuentes hechas de este modo, un ser con fuertes tendencias pero sin el hábito de la Sabiduría y de un puro afecto hacia ella, puede ser atraído hacia atrás por el poder de sus malas tendencias personales a pesar de las numerosas advertencias dadas. Al no poder coger a este ser el anzuelo de los rayos de oro, seguirá vagando, siempre bajando, a causa de los sentimientos de temor y terror que le hayan causado las luces y las radiaciones.

Entonces, todos los Divinos Padres-Madres de las cinco Ordenes de Dhyani-Budas, así como sus asistentes, brillarán simultáneamente sobre él. En este momento, los fulgores provenientes de los seis *Lokas* brillarán también.

La confrontación se hace llamando al muerto por su nombre y diciéndole:

«¡Oh, noble hijo!, hasta ayer cada una de las Divinidades

de los cinco Ordenes se te ha aparecido una tras otra y has sido confrontado con ellas, pero por la influencia de tus malas tendencias te has asustado y aterrado viéndolas y has permanecido en el *Bardo* hasta ahora. Si hubieses reconocido las radiaciones de los cinco Ordenes de la Sabiduría como emanaciones de tus propias formas-pensamientos, hubieses logrado el estado de Buda en el *Sambhoga-Kaya*, mediante la absorción de un halo de arco iris de luz en uno de los cinco Ordenes de Budas. Mira, pues, ahora sin distraerte. Las luces de los cinco Ordenes, llamadas las Luces de la Unión de las cuatro sabidurías, vendrán ahora para recibirte. Actúa de modo a poder reconocerlas.

»¡Oh, noble hijo!, en este sexto día los cuatro colores del estado primordial de los cuatro elementos (agua, tierra, fuego, aire) brillarán sobre ti de un modo simultáneo. En este momento, del Reino Central de la Fuerza proyectora del Germen, el Buda Vairochana, el Divino Padre-Madre y sus asistentes, vendrán para brillar sobre ti. Del Reino del Este de la suprema felicidad, el Buda Vajra-Sattva, el Divino Padre-Madre, con sus asistentes, vendrán a brillar sobre ti. Del Reino del Sur dotado de Gloria, el Buda Ratna-Sambhava, el Divino Padre-Madre y sus asistentes, vendrán a brillar sobre ti. Del Reino Feliz del Oeste, el de los lotos amontonados, el Buda Amitaba, el Divino Padre-Madre y sus asistentes, vendrán para brillar sobre ti. Del Reino del Norte, el de las Buenas acciones perfectas, el Buda Amogha Siddhi, el Divino Padre-Madre y sus asistentes, vendrán en un halo de Luz para brillar sobre ti en ese momento.

»¡Oh, noble hijo!, formando un círculo exterior rodeando a los cinco pares de Dhyani Budas, los cuatro Guardianes de las Puertas, los que están irritados: el Victorioso, el Destructor del Señor de la Muerte, el Rey del cuello de caballo, el Urna de Néctar, con las cuatro Guardianas de las Puertas: la Portadora del Aguijón, la Portadora del Lazo, la

Portadora de la Cadena, la Portadora de la Campana, así como el Buda de los Devas, llamado Fuerte Complexión; el Buda de la Humanidad, llamado el León de los Shakyas; el Buda del mundo bruto, llamado el León inquebrantable; el Buda de los *Pretas*, llamado El de la boca inflamada, y el Buda de los Mundos Inferiores, llamado el Rey de la verdad, todos ellos, los ocho Padres-Madres guardianes de las Puertas, y los seis Amos, los Victoriosos, vendrán también a brillar delante de ti.

»El Padre y la Madre universalmente buenos, los grandes antepasados de todos los Budas Samanta-Bhadra y Samanta Bhadra, el Divino Padre y la Divina Madre, éstos también se te aparecerán en todo su brillo. Estas cuarenta y dos deidades dotadas de perfección, salidas de tu corazón, producidas por tu amor, vendrán para brillar ante ti. Reconócelas.

»¡Oh, noble hijo!, esos reinos no han llegado de un punto exterior. Acuden de las cuatro divisiones de tu corazón que, comprendiendo en él el centro, forma las cinco direcciones. De tu corazón salen y brillan para ti. Las deidades tampoco vienen de parte alguna fuera de ti; existen de toda eternidad en las facultades de tu propia inteligencia. Sabe reconocer en ellas esta naturaleza.

»¡Oh, noble hijo!, la talla de todas estas divinidades no es ni grande ni pequeña, sino proporcionada. Cada una de ellas posee sus ornamentos, sus colores, sus aptitudes, sus tronos y sus emblemas. Estas deidades están formadas en grupos de cinco pares, rodeado cada uno de los grupos de un quíntuple círculo de radiaciones; los Bodisatvas masculinos comparten la naturaleza del Divino Padre, y las Bodisatvas femeninas comparten la de la Divina Madre. Todos estos divinos cónclaves vendrán a brillar sobre ti en un cónclave único y completo. Son tus divinidades tutelares personales. Reconócelas como tales.

»¡Oh, noble hijo!, de los corazones de los Divinos Padres-Madres de los Cinco Ordenes, los rayos de la Luz de las Cuatro sabidurías unidos, extremadamente claros y hermosos, como rayos de sol hilados, vendrán a brillar sobre ti y.a herir tu corazón. Sobre esta vía de Luz vendrán a brillar magníficos orbes de luz azul emitiendo rayos: la misma sabiduría del *Dharma-Dhatu*, apareciendo cada rayo como un tazón de turquesa vuelto, rodeado de orbes similares, de menor talla. Magnífico, deslumbrador, radiante, transparente, cada rayo vuelto aún más magnífico por cinco orbes más pequeños, dirigidos todos alrededor de cinco estrellas de luz de la misma naturaleza, sin dejar ni el centro ni los bordes sin la gloria de los orbes grandes y pequeños.

»Del corazón de Vajra-Sattva la blanca vía de luz de la Sabiduría semejante al Espejo, blanca, transparente, magnífica, deslumbradora, espléndida y aterradora, vuelta aún más magnífica por orbes rodeados de orbes menores de luz transparente y radiante, brillantes cada uno como un espejo caído, vendrá a brillar sobre ti. Del corazón de Ratna-Sambhava, la vía de la luz amarilla de la Sabiduría de la Igualdad, con orbes amarillos como copas de oro vueltas, rodeados de orbes menores y éstos de otros aún más pequeños, vendrán a brillar sobre ti. Del corazón de Amitaba, la transparente vía de la luz de la Sabiduría Omnisciente, sobre la cual orbes como copas de coral vueltas emitirán los rayos de la Sabiduría, extremadamente brillantes y deslumbradores, cada uno de ellos glorificado de cinco orbes de la misma naturaleza, no dejando el centro ni los bordes sin la glorificación de orbes satélites más pequeños, vendrán a brillar sobre ti. Todos vendrán de modo simultáneo a brillar sobre tu corazón.

»¡Oh, noble hijo!, todas estas radiaciones son las de tus facultades intelectuales que vienen a brillar para ti. No vienen del exterior. No te sientas atraído hacia ellas, no seas débil, no te asustes; al contrario, establécete en el mundo de la "no formación del pensamiento". En este estado, todas las formas, todas las radiaciones se fundirán en ti y obtendrás el estado de Buda. La vía de la luz verde de la Sabiduría de las Acciones perfectas no brillará para ti, pues la facultad de Sabiduría de tu intelecto no ha sido perfeccionada en su desarrollo.

»¡Oh, noble hijo!, estas vías de Luz son llamadas las Luces de las cuatro Sabidurías unidas, de donde procede la que es denominada el Camino Interior que atraviesa Vajra Sattva. Es ahora cuando debes recordar las enseñanzas de la confrontación que has recibido de tu guru. Si recuerdas el sentido de estas confrontaciones, habrás reconocido también todas estas luces que han brillado sobre ti, como simple reflejo de tu propia luz interior. Y habiéndolas reconocido, como reconocerías a amigos queridos, habrás creído en ellas y comprendido su encuentro como un hijo comprende el de su madre. Creyendo en la naturaleza incambiable de la Pura y Santa Verdad, habrás hecho deslizar en ti la onda tranquila de *Samadhi*; y habiendo buceado en el cuerpo de la inteligencia perfectamente evolucionada, habrás obtenido el estado de Buda en el *Sambogha-Kaya*, de donde no se vuelve.

»¡Oh, noble hijo!, al mismo tiempo que las radiaciones de la Sabiduría, también brillarán las luces de impura ilusión de los seis *Lokas*. Si te preguntas ¿quiénes son? te diré que son un empañado fulgor blanco de los *devas*, un empañado fulgor verde de los *asuras*, un empañado fulgor amarillo del mundo humano, un empañado fulgor azul de los brutos, un empañado fulgor rojizo de los *pretas* y un empañado fulgor grisáceo del humo del Infierno. Estos seis fulgores aparecerán al borde de las seis radiaciones de Sabiduría. Por todo ello, no te espantes ni te sientas atraído por ninguno de ellos; al contrario, permanece en el reposo de la "no formación de pensamiento". Si te dejas espantar por las radiaciones de la sabiduría y atraer por los impuros fulgores de los seis *Lokas*, entonces tendrás que tomar un cuerpo en uno de estos seis *Lokas* y sufrir los dolores de la *Samsara*. Y no saldrás jamás del océano del *Samsara* y vagarás de aquí para allá por sus olas, obligado a participar de todos los sufrimientos que allí se encuentren.

»¡Oh, noble hijo!, si eres de los que no han merecido escuchar las palabras escogidas de un guru, tendrás miedo de las radiaciones de la Sabiduría y de las deidades que verás allí abajo. De este modo asustado serás atraído hacia los impuros objetos samsáricos. No obres así. Cree con humildad en la pura y deslumbrante radiación de la Sabiduría. Fortalece tu espíritu en esta fe y piensa: "Las compasivas radiaciones de la Sabiduría de los Cinco Ordenes de Budas han llegado hasta mí por piedad. En ellas tomaré mi refugio". No cediendo a la atracción de los ilusorios fulgores de los seis *Lokas* y dirigiendo todo tu espíritu en concentración hacia los Divinos Padres y Madres de los Budas de los Cinco Ordenes, pronuncia estas palabras: "¡Ay!, en el momento en que vague por el *Samsara*, por la potencia de los cinco venenos virulentos, sobre la radiante vía de las cuatro Sabidurías unidas, ¡ojalá los cinco Conquistadores Victoriosos puedan conducirme! ¡Que los Cinco Ordenes de Divinidades Madres puedan seguirme! ¡Que pueda ser salvado de las vías de los fulgores impuros de los seis *Lokas* y, libre de las emboscadas del temido *Bardo*, pueda ser colocado en los cinco Divinos Reinos de la Pureza!

»Mediante esta oración conocerás tu propia luz interior y sumergiéndote en ella alcanzarás en un instante el estado de Buda. Mediante una humilde fe, el más vulgar creyente llega a conocerse a sí mismo y a obtener la Liberación. Hasta los más humildes, por la fuerza de una oración pura, pueden cerrar las puertas de los seis *Lokas*, y comprendiendo el verdadero sentido de las cuatro Sabidurías unidas, obtener el estado de Buda por las vías que atraviesa Vajra-

Sattva. Así, mediante esta confrontación, detallada, los destinados a la Liberación serán conducidos a conocer la verdad y muchos, mediante ello, alcanzarán la Liberación. Los peores entre los malos, muy cargados de mal *karma*, no habiendo observado religión alguna, y muchos de los que hayan faltado a sus votos, impedidos de reconocer la confrontación por la fuerza de las ilusiones kármicas, no conociendo la Verdad, se alejarán descendiendo.

*Séptimo día*

En el séptimo día, las Divinidades poseedoras del Saber vendrán, desde los sanos reinos paradisíacos, para recibir al muerto. Al mismo tiempo, el camino del mundo animal, creado por las pasiones oscurecientes y la estupidez, se abrirá para recibirle.

La confrontación se hace en este momento llamando al muerto por su nombre con las siguientes palabras:

«¡Oh, noble hijo!, escucha sin distracción. El séptimo día las radiaciones de diversos colores de las tendencias purificadas vendrán a ti para brillar. Simultáneamente, las Deidades poseedoras del Saber llegarán desde los santos reinos paradisíacos para recibirte. En el centro del círculo, aureolado con una radiación de luz de arco iris, el Supremo Detentador del Saber, que madura los frutos del *Karma*, radiante con los cinco colores, enlazado por la Madre, la Dakini roja, y llevando un cuchillo curvo y un cráneo lleno de sangre, danzando y haciendo el *mudra* de fascinación, con su mano derecha levantada, vendrá a brillar ante ti. Al este del círculo, la deidad llamada el Poseedor del Saber, que permanece en tierra, de color blanco, con expresión graciosamente sonriente, enlazado por la Dakini blanca, la Madre, y llevando un cuchillo curvo y un cráneo lleno de sangre, danzando y haciendo el *mudra* de fascinación, vendrá a brillar ante ti. Al sur del círculo, la deidad poseedora del Saber, llamado "Aquel que tiene poder sobre la duración de la vida", de color amarillo, radiante y sonriendo, enlazado por la Dakini amarilla, la Madre, y llevando un cuchillo curvo y un cráneo lleno de sangre, danzando y haciendo el *mudra* de fascinación, vendrá a brillar ante ti. Del oeste del círculo, la deidad llamada "Aquel que tiene el Saber del Gran Símbolo", de color rojo, radiante y sonriente, enlazado por la Dakini roja, la Madre, llevando una hoz y un cráneo lleno de sangre, danzando y haciendo el *mudra* de fascinación, vendrá a brillar ante ti. Del norte del círculo, la deidad llamada "Aquel que tiene el saber evolucionado por sí mismo", de color verde con expresión medio enfadada, medio sonriente, radiante, enlazado por la Dakini verde, la Madre, llevando un cuchillo curvo y un cráneo lleno de sangre, danzando y haciendo el *mudra* de fascinación, vendrá a brillar ante ti. Sobre el círculo exterior, alrededor de esos Detentadores del Saber, bandas innumerables de Dakinis: Dakinis de los ochos lugares de cremación, Dakinis de las cuatro clases, Dakinis de las tres mansiones, Dakinis de los treinta lugares santos y de los veinticuatro peregrinajes de los héroes y heroínas, de los guerreros celestiales de las deidades protectoras de la fe masculinas y femeninas, adornada cada una con seis ornamentos de huesos, llevando tambores y trompetas hechas con fémures, tamboriles de cráneos humanos, estandartes gigantescos que diríanse hechos con piel humana, dados y emblemas de piel humana, haciendo humear el incienso con grasa humana, llevando innumerables clases de instrumentos de música, llenando todos los sistemas del mundo y haciéndolos vibrar, moverse, temblar mediante sonidos lo bastante poderosos como para aturdir el cerebro y danzando ritmos variados, vendrán a recibir al fiel y a castigar al infiel.

»¡Oh, noble hijo!, cinco radiaciones con el color del

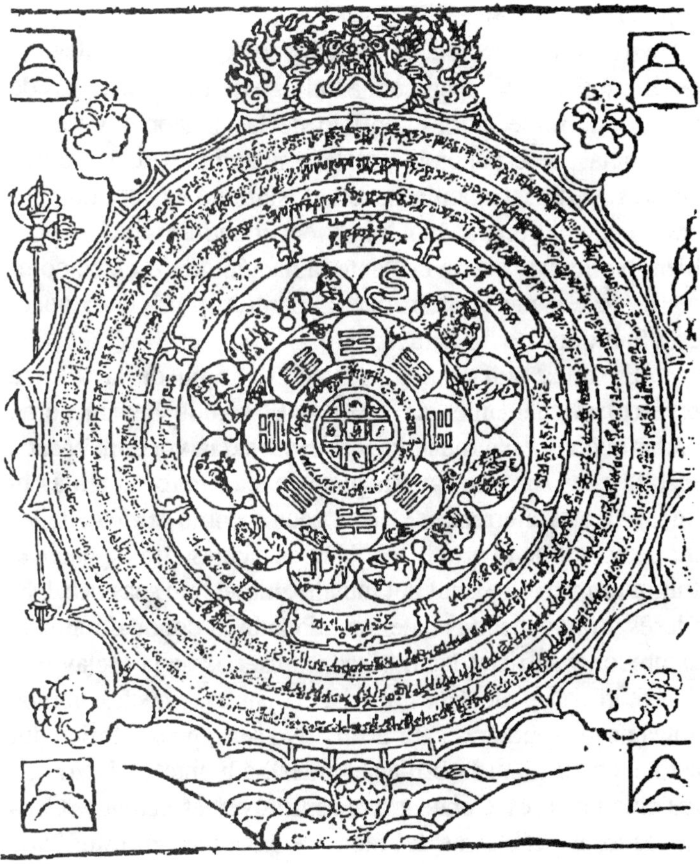

Saber innato nacido simultáneamente, que son las tendencias purificadas, vibrantes, deslumbrantes como hilos de colores, parecidas a relámpagos, radiantes, transparentes, magníficas y aterradoras, saldrán de los corazones de las cinco Divinidades principales que poseen el Saber y herirán tu corazón. Serán tan brillantes que el ojo no podrá apenas soportarlas.

»Al mismo tiempo, un empañado fulgor azul, llegado del mundo animal, aparecerá a lo largo de las radiaciones de Sabiduría, y mediante el influjo de las ilusiones y de las tendencias, te espantarás por las radiaciones de los cinco colores y desearás huir de ellas, sintiéndote atraído, por contra, por el empañado fulgor del mundo animal. Ahora bien. No temas, que la brillante radiación de los cinco colores no te espante ni aterrorice; al contrario, has de conocer esta Sabiduría como la tuya.

»En estas radiaciones, el sonido natural de la Verdad repercutirá cual miles de truenos. El sonido llegará como ondas que viniesen rodando, y se escucharán voces de ¡Mata, mata!, y los *mantras* que inspiran miedo. Pero no temas ni huyas. No te aterrorices. Reconócelos como las facultades intelectuales de tu propia luz. Y no te sientas atraído hacia el fulgor empañado y azul del mundo animal. No seas débil. Si fueses atraído, caerías en el mundo animal donde domina la estupidez y sufrirías las ilimitadas miserias de la esclavitud, del mutismo y de la estulticia. Y pasaría mucho tiempo antes de que pudieras salir de allí. No seas, pues, atraído por esto. Pon tu fe en la brillante y deslumbrante radiación de los cinco colores. Concentra tu espíritu en las deidades Conquistadoras detentoras del Saber. Piensa sólo en esto: "Las deidades que tienen el Saber, los Héroes y las Dakinis han venido de los santos reinos de los paraísos para recibirme. A todos les suplico. Hasta hoy, aunque los cinco Ordenes de Budas de los tres tiempos hayan hecho el esfuerzo de enviar los rayos de su gracia y compasión, yo no había sido, no obstante, salvado por ellos. ¡Desdichado de un ser como yo! Que las Deidades que tienen el Saber puedan no dejarme ir más abajo. Al contrario, que cogiéndome con el anzuelo de su compasión, me conduzcan al paraíso".

»Para ello, y sin distraerte, pronuncia estas palabras: "¡Oh, tú, Deidad que tienes el Saber, escúchame, te lo ruego! ¡Condúceme por la vía de tu gran amor! Cuando vague en el *Samsara*, a causa de mis tendencias intensificadas, por el brillante camino de la Luz del Saber nacido simultáneamente, ¡que las tropas de Héroes, los que tienen el Saber, puedan conducirme! ¡Que puedan seguirme las tropas de las Madres, las Dakinis, para protegerme y salvarme de las terribles emboscadas del *Bardo* y dejarme en los puros reinos del paraíso!"

»Rogando de este modo, con fe y profunda humildad, no dudes que se pueda nacer en lo puros reinos de los paraísos, tras haberse fundido como luz de arco iris con las Deidades que tienen el Saber.

»Los hombres sabios (*pandits*) de todas clases, llegando a conocer este período de preparación, obtienen con él la Liberación; incluso los de malas tendencias pueden estar seguros de ser liberados aquí.»

Y aquí termina la primera parte del Gran *Thodol* concerniente a la confrontación con las Divinidades Apacibles del *Chonyid Bardo* y la confrontación con la Clara Luz del *Chikhai Bardo*.

# EL ALBA DE LAS DIVINIDADES IRRITADAS
## DEL 8º AL 14º DIA

### Introducción

Se describirá ahora el alba de las Divinidades Irritadas. En el *Bardo* anterior de las Divinidades Apacibles, había siete períodos de emboscadas. La confrontación en cada período hubiera debido reconocer uno u otro de los períodos y dar la Liberación. Miles de seres serán liberados por medio de este reconocimiento; y aunque una multitud obtiene la liberación de este modo, como sea que el número de seres sensibles es grande y poderoso el mal *karma*, los oscurecimientos densos, las tendencias difíciles de erradicar y como la Rueda de la Ignorancia y de la Ilusión continúa dando vueltas sin ser detenida ni acelerada, aunque todos sean confrontados de este modo detalladamente, una gran mayoría continúa vagando y descendiendo sin ser liberada. Por consiguiente, tras el cese de la aparición de las Divinidades Apacibles y detentadoras del Saber, que han venido para acogerles, aparecerán las cincuenta y ocho Divinidades rodeadas de llamas, irritadas, bebedoras de sangre, que no son otra cosa sino las Divinidades Apacibles bajo un nuevo aspecto. Aparecerán de modo distinto, según el lugar ocupado en el cuerpo Bárdico del muerto por el centro psíquico que las emite. Se trata en este momento, pues, del *Bardo* de las

Divinidades Irritadas, y como ellas están influidas por el miedo, el terror y el temor, el reconocimiento se hace más difícil. No ganando el intelecto en independencia, pasa de un estado de desfallecimiento a una serie de estados semejantes. No obstante, si se tiene un fulgor de conocimiento, es más fácil ser liberado en este período de preparación. Y ello es a causa de la aparición de las radiaciones que, producto del miedo, del terror o del temor, mantienen al intelecto concentrado y en estado de alerta sin dejarle caer en distracciones. De no hallar en este período esa enseñanza, el entendimiento, aunque fuese tan vasto como el océano en ciencia religiosa, de nada le serviría su saber. Puede haber sacerdotes detentadores de la disciplina, doctores en metafísica que, incapaces de reconocer la luz tras haber errado por este período de preparación, rondan por el *Samsara*. En cuanto a la gente ordinaria, que huyen por miedo, terror o temor, caen por encima de los principios en los mundos desgraciados y sufren. Pero el más humilde de los creyentes de la doctrina mística de los *mantrayanas*, apenas ve a las divinidades bebedoras de sangre, las reconoce como a sus divinidades tutelares, y su encuentro será como el de los conocimientos humanos. Creerá en ellas y fundiéndose con ellas alcanzará en la unión el estado de Buda.

Habiendo meditado acerca de las descripciones de estas divinidades bebedoras de sangre, cuando vivía en el mundo, habiéndoles rendido homenaje, habiéndoles venerado, o al menos habiéndolas visto representadas en cuadros e imágenes, cuando vea alzarse las divinidades de este período la reconocerá y el resultado será la liberación. En esto consiste el éxito. En cambio, cuando la muerte de los sacerdotes detentadores de la disciplina y de los doctores en metafísica que hayan permanecido ignorantes de estas enseñanzas del *Bardo*, por mucho que se hayan entregado a las prácticas religiosas y por hábiles que hayan sido en la exposición de sus doctrinas mientras vivieron, no se producirá ninguna señal o fenómeno tal como el fenómeno del arco iris en torno a la pira funeraria, o la reliquia de huesos en las cenizas. Y ello será así porque durante su vida no han guardado en sus corazones las doctrinas místicas o esotéricas, por haber hablado despreciativamente y no haber conocido jamás mediante iniciación a las deidades de las doctrinas místicas, por lo que, cuando éstas aparecen en el *Bardo*, no la reconocen. Al ver de pronto lo que nunca antes habían visto, su visión le resulta antipática y estos sentimientos de antagonismo, una vez despiertos, les hacen pasar por dolorosos estados de existencia. De lo cual resulta que si los observantes de las disciplinas y los metafísicos no han practicado las doctrinas místicas, signos tales como el arco iris, las reliquias de huesos y los huesos en forma de grano no aparecerán en las piras funerarias.

El más humilde de los creyentes mantrayánicos puede tener maneras poco refinadas, ser indolente y falto de tacto, no vivir de acuerdo a sus votos, parecer poco elegante en su modo de vestir, ser incapaz de seguir las prácticas de las enseñanzas hasta su salida, pero que nadie, a pesar de todo, sienta desprecio hacia todo esto, que nadie dude de él; al contrario, respétense las doctrinas místicas que en él anidan. Sólo a costa de esto se obtendrá la liberación en este período de preparación. Incluso si los actos de un ser como éste no han sido muy correctos en el mundo humano, a su muerte aparecerá por lo menos uno de los signos: arco iris, figuras de hueso, reliquias de huesos. Y esto porque la doctrina esotérica posee como don grandes ondas de gracia. Estos creyentes místicos mantrayánicos, de un desarrollo psíquico ordinario, que han meditado sobre el proceso de la evocación de visiones y los procedimientos de perfección, y practicado los mantras esenciales, no tienen que errar aquí yendo más allá del *Chonyid Bardo*. Una vez que cesa su respiración, son conducidos a los puros reinos paradisíacos por los Héroes y las Heroínas, y por las Deidades del Saber. En señal de ello, el cielo se verá sin nubes, se fundirán en el fulgor del arco iris, la tierra se verá inundada de sol, se percibirá un olor a incienso, se escuchará música en los cielos, se verán luces, y serán halladas reliquias de huesos y formas en las cenizas de la pira funeraria.

De donde resulta que para los sacerdotes, los doctores, los místicos que han faltado a sus votos y todo el pueblo corriente, es indispensable este *Thodol*. Pero los que han meditado sobre la Gran Perfección y el Gran Símbolo reconocerán las Claras Luces en el momento de su muerte, y habiendo obtenido el *Dharma-Kaya*, la lectura de este *Thodol* no les es necesaria. Reconociendo la Clara Luz en el momento de su muerte, reconocerán asimismo las visiones de las Divinidades Apacibles y de las Irritadas en el *Chonyid Bardo* y obtendrán el *Sambogha-Kaya*; o bien, al ser reconocidas en el *Sidpa Bardo*, obtendrán el *Nirvana-Kaya*. Entonces renacerán en los planos más altos y, en este próximo renacimiento, encontrarán esta doctrina y gozarán de la continuidad del *Karma*. Para ellos, este *Thodol* es la doctrina mediante la cual el estado de Buda puede ser alcanzado sin recurrir a la meditación.

La Doctrina es suficiente para liberar mediante su simple entendimiento. La Doctrina que lleva a seres abrumados por un mal *Karma* por el Sendero Secreto, la Doctrina que produce una diferenciación instantánea entre los iniciados y los no iniciados, es la Doctrina profunda que confiere la iluminación perfecta de modo instantáneo. Los seres sensibles que han sido alcanzados por ella no pueden ir a los estados desgraciados.

Esta Doctrina y la del *Thadol*, reunidas, son como una *mandala* de oro incrustada de turquesas. Reunidlas. Demostrada de este modo la naturaleza indispensable de este *Thodol*, llega ahora la confrontación con el advenimiento de las Divinidades Irritadas, en el *Bardo*.

*Octavo día*

Llamando aún al muerto por su nombre, decidle:

«¡Oh, noble hijo!, escucha sin distraerte: no habiendo sido capaz de reconocer a las Divinidades Apacibles que han brillado sobre ti en el *Bardo* anterior, has llegado hasta aquí vagando. Ahora, en el octavo día, las Divinidades Irritadas bebedoras de sangre vendrán a brillar ante ti. Obra de modo que, sin distraerte, puedas reconocerlas.

»¡Oh, noble hijo!, el Grande y Glorioso Buda Heruka, de color pardo oscuro, con tres cabezas, seis manos y cuatro pies, sólidamente apoyados, con su cara blanca por la parte derecha, roja por la izquierda y parda oscura por el centro, con su cuerpo arrojando brillantes llamas, con sus nueve ojos sumamente abiertos con aterradora fijeza, con sus cejas temblorosas como relámpagos, con sus dientes al descubierto, apretados y brillantes, dejando escapar gritos con sonoro "a-la-la" y silbidos "ha-ha" penetrantes, con sus cabellos, de un amarillo rojizo, erizados siempre, que lanzan rayos, con sus cabezas adornadas con cráneos humanos desecados y con emblemas del Sol y de la Luna, con serpientes negras y cabezas humanas recién cortadas formando guirnaldas en torno suyo, con una rueda en la primera de sus manos de la derecha, en la del centro una espada y en la última un hacha, con una campana en la primera de sus manos de la izquierda, un escalpelo humano en la del centro y una reja de arado en la última, con su cuerpo, enlazado por la madre Buda-Krotishorima, que con la mano derecha sostiene su cuello y con la izquierda acerca a su boca una concha llena de sangre, mientras lanza gritos desgarradores, aullidos espeluznantes y gruñidos como truenos, emanando de ambas deidades radiantes llamas de sabiduría, brillantes, que salen por cada uno de sus poros conteniendo un dorje de fuego; manteniéndose ambas deidades con tal aspecto, cada una sobre una pierna y cruzada y rígida la otra, bajo un palio soportado por águilas cornudas, saldrán de tu propio cerebro y vendrán para brillar sobre ti. No las temas y no te asustes. Reconoce todo ello como simple forma corporal de tu intelecto. Reconoce que es tu divinidad tutelar y no te aterres. No tengas miedo, pues en realidad se trata de Bhagavan Vairochana, el Padre-Madre. En el instante mismo en que seas capaz de reconocerle, la liberación te será dada. Si le reconoces, fundiéndote de pronto en la divinidad tutelar, el estado de Buda en el *Sambogha-Kaya* será ganado.»

*Noveno día*

Pero si se huye abrumado por el miedo y el terror, entonces, al noveno día, las Divinidades Bebedoras de sangre del orden de Vajra vendrán a recibirte.

La confrontación se hace de este modo:

«¡Oh, noble hijo!, escucha con atención. El bebedor de sangre del orden de Vajra, llamado Bhagavan Vajra-Heruka, de color azul oscuro, con tres caras, seis manos, cuatro pies sólidamente apoyados; en la primera mano derecha llevando un dorje, en la del medio un escalpelo y en la última un hacha, y en la primera de la mano izquierda una campana, en la del centro un escalpelo y en la última una reja de arado, con su cuerpo enlazado por la Madre Vajra-Krotishorima, cogiendo su cuello con la mano derecha, y con la izquierda llevándose a la boca una concha llena de sangre, produciéndose todo esto por la parte este de tu cerebro, vendrá a brillar sobre ti. No temas ni te aterres. En realidad son el

Bhagavan Vajra-Sattva, el Padre-Madre. Cree en ellos. Reconócelos y obtendrás al momento la liberación. Proclamándolos como tales, conociéndolos como tus divinidades tutelares, fundiéndote en ellos, alcanzarás el estado de Buda.»

*Décimo día*

Si esta vez aún no se ha realizado el reconocimiento por ser demasiado grandes las oscuridades producidas por las malas acciones, entonces al décimo día aparecerá el bebedor de sangre de la orden de la Joya, llamado Ratna-Haruka, de color amarillo, que tiene tres caras, seis manos y cuatro pies sólidamente apoyados: la cara derecha blanca, la izquierda roja y la del centro amarilo oscura, rodeado de llamas. En la primera de las tres manos de la derecha tendrá una piedra preciosa, en la del medio un tridente y en la última un bastón. En la primera mano de la izquierda, una campana, en la del medio un escalpelo y en la última un tridente. Su cuerpo, enlazado por la Madre Ratna-Krotshorima, cogiéndole por el cuello con la mano derecha y llevando con la izquierda una concha llena de sangre a la boca, saldrán de la parte sur de tu cerebro y vendrán a brillar ante ti. No tengas miedo ni te aterres. No temas, pues son la forma de tu propio intelecto. No te espantes, pues son tus deidades tutelares. En realidad, son el Padre-Madre Bhagavan Ratna-Sambhava. Cree en ellos. Reconocerlos es obtener en el mismo instante la Liberación, y fundiéndote con ellos obtendrás instantáneamente el estado de Buda.»

*Undécimo día*

Si no obstante esta confrontación, y por la fuerza de las malas tendencias, el terror y el miedo impiden reconocerlos como deidades tutelares y se huye de ellos, entonces, al undécimo día, el bebedor de sangre de la orden del Loto vendrá a recibir al muerto.

La confrontación se hace del modo siguiente, después de llamar al muerto por su nombre:

«¡Oh, noble hijo!, el undécimo día el bebedor de sangre de la orden del Loto, llamado Bhagavan Padma-Heruka, de color rojo negruzco, con tres caras, seis manos y cuatro pies sólidamente apoyados, con la cara derecha blanca, la izquierda azul y la del centro rojo sombría, llevando en la primera mano de la derecha un loto, en la del medio un tridente y en la última una maza, en la primera mano de la izquierda una campana, en la del centro un escapelo lleno de sangre, y en la última un pequeño tambor, y siendo su cuerpo enlazado por la Madre Padma-Krotishorima, cogiéndole por el cuello con la mano derecha y ofreciéndole con la izquierda una concha llena de sangre, el Padre-Madre saldrán juntos del lado oeste de tu cerebro y vendrán a brillar sobre ti. No tengas miedo por ello. No te aterrorices ni temas. Alégrate, pues son producto de tu intelecto y reconócelos como a tus deidades tutelares y no te asustes. En realidad, son el Padre-Madre Bhagavan Amitaba. Cree en ellos y al mismo tiempo que los reconoces la liberación te llegará. Considerándoles de este modo los verás como a tus deidades tutelares e instantáneamente te fundirás en ellos y obtendrás el estado de Buda.»

*Duodécimo día*

A pesar de tal confrontación, atraído siempre hacia atrás por las malas tendencias, habiéndose despertado el terror y el temor, pudiera ocurrir que las deidades no fuesen reconocidas y que se huyese. Entonces, al duodécimo día, las divinidades bebedoras de sangre del orden kármico, acompañadas por Kerima, Htamenma y Wang-Chugma vendrán a recibir al muerto. De no reconocerlas puede producirse terror. Por ello, la confrontación se hace llamando al muerto por su nombre y con las siguientes palabras:

«¡Oh, noble hijo!, en el duodécimo día, la deidad bebedora de sangre del orden kármico llamada Karma-Haruka, de color verde oscuro, con tres caras, seis manos y cuatro pies sólidamente apoyados, con la cara derecha blanca, la izquierda roja y la del medio verde oscura. De majestuosa apariencia, sosteniendo en la primera de sus seis manos de la derecha una espada, en la del medio un tridente y en la última una maza, y en la primera de la mano izquierda una campana, en la del centro un escalpelo y en la última una reja de arado, estando su cuerpo enlazado por la Madre Karma-Krotishorima, que le tiene por el cuello con su mano derecha y con la izquierda lleva a su boca una concha roja, estando el Padre y la Madre unidos, saliendo del lado norte de tu cerebro, vendrán a brillar sobre ti. No temas esto. No te aterrorices. No te espantes. Reconócelos como manifestación de tu propio intelecto. Son tus divinidades tutelares, no te asustes. En realidad, son el Padre-Madre Bhagavan Amogha-Siddi. Cree, sé humilde, sé amante. Al mismo tiempo que este reconocimiento vendrá la liberación y mediante el mismo, al considerarlos como tus deidades tutelares, te fundirás con ellos súbitamente y obtendrás el estado de Buda.»

Ayudado por la enseñanza del guru, se llega a reconocerlos como las formas-pensamientos salidas de nuestras propias facultades intelectuales. Por ejemplo, una persona que ve una piel de león y reconoce que lo es, está libre de todo pánico porque bien que no sea sino la piel conservada de un león, de no poder darse cuenta de ello llega el miedo y dura hasta que se os diga: «No es sino un león disecado».

Con lo cual uno queda libre del miedo. Lo mismo ocurre, pues, cuando los grupos de deidades bebedoras de sangre, las de miembros enormes que parecen grandes como los cielos, se presentan, causando su vista, como es natural, miedo y terror. Pero tan pronto la confrontación es oída, son reconocidas como nuestras propias deidades tutelares, como nuestras propias formas-pensamientos. Por consiguiente, cuando sobre la Clara Luz Madre, a la cual se ha ido acostumbrando anteriormente, una Clara Luz secundaria (la Clara Luz de descendencia) se produce, y cuando la Clara Luz Madre y la Clara Luz de descendencia, viniendo juntas cual dos seres unidos, lucen inseparablemente, entonces un fulgor de autoemancipación brilla, y habiendo obtenido su propia iluminación por sí mismo, habiendo adquirido el conocimiento por sí mismo, queda liberado.

*Decimotercer día*

Si no se obtiene la confrontación, incluso las buenas personas que ya están en el Sendero, caerán aquí y vagarán en el *Samsara*. Entonces, los ocho Seres Irritados, los Kerimas y los Htamenmas, que tienen diversas cabezas da animales, saliendo del propio cerebro del muerto vendrán para brillar.

La confrontación se hace del modo siguiente, después de llamar al difunto por su nombre:

«¡Oh, noble hijo!, escucha sin distracción. El día decimortecero, del lado este de tu cerebro emanarán las ocho Kerimas que vendrán a brillar sobre ti. No temas. Del este de tu cerebro, la Kerima Blanca, con cuerpo humano, sosteniendo una maza en la mano derecha y en la izquierda un escalpelo lleno de sangre, vendrá a brillar sobre ti. No temas. Del sur, la Teseurima Amarilla, llevando un arco y una flecha y dispuesta para disparar; del oeste, la Pramoha Roja llevando un dorje y un escalpelo lleno de sangre; del sureste, la Pukkase Roja llevando intestinos en su mano derecha y llevándolos a su boca con la mano izquierda; del suroeste, la Ghasmari Verde oscuro, con un escalpelo lleno de sangre en la mano izquierda, que remueve con la derecha mediante un dorje y bebiendo esta sangre con majestuoso placer; del noroeste, la Tsandhalí Blanca-Amarilla (que como sus compañeras gusta de pasear por cementerios y lugares de cremación), arrancando la cabeza de un cuerpo y llevando en la mano derecha un corazón y con la izquierda llevando a su boca el cuerpo que devora; del noreste, la Smasha Azul oscuro, arrancando la cabeza de un cuerpo y devorándola; todas ellas, que son las ocho Kerimas de las Mansiones (u ocho Direcciones), vienen también para brillar sobre ti rodeando a los cinco Padres Bebedores de sangre. No obstante, no te espantes.

»¡Oh, noble hijo!, de un círculo que las rodea exteriormente, las ocho Htamenmas de las ocho regiones del cerebro vendrán a brillar sobre ti: del Este, la Morena-Oscura de cabeza de león, las manos cruzadas sobre el pecho, teniendo un cuerpo en la boca y sacudiendo la melena; del Sur, la Roja de cabeza de tigre, las manos cruzadas hacia la tierra, mostrando sus colmillos con una terrible mueca y mirando con ojos desorbitados; del Oeste, la Negra, con cabeza de zorro, llevando una navaja de afeitar en la mano derecha y en la mano izquierda intestinos que se come y de los cuales lame la sangre; del Norte, la Azul oscura de cabeza de lobo, desgarrando un cuerpo con sus dos manos y mirando con ojos desorbitados; del Sureste, la Blanca-Amarilla con cabeza de buitre, llevando sobre sus hombros un cuerpo gigantesco de aspecto humano y un esqueleto en las manos; del Suroeste, la Roja-Oscura de cabeza de pájaro del cementerio, llevando un cuerpo gigantesco a la espalda; del Noroeste, la Negra de cabeza de cuervo, llevando un escalpelo en la mano izquierda, una espada en la derecha y comiendo corazones y pulmones; del Noreste, la Azul oscura con cabeza de mochuelo, llevando un dorje en la mano derecha, una espada en la izquierda y comiendo. Estas ocho Htamenmas de las ocho regiones, rodeando de este modo a los Padres Bebedores de sangre y saliendo de tu cerebro, vendrán a brillar sobre ti. Pero no temas. Debes reconocerlas como tales formas-pensamientos de tus propias facultades intelectuales.»

*Decimocuarto día*

«¡Oh, noble hijo!, en el decimocuarto día los cuatro Guardianes de las Puertas, emitidos igualmente por tu cerebro, vendrán a brillar sobre ti. Una vez más, reconócelos.

»Del lado este de tu cerebro vendrá a brillar la Blanca diosa de cabeza de tigresa, portadora de un aguijón, llevando en su mano izquierda un escalpelo lleno de sangre; del sur, la Diosa Amarilla con cabeza de cerda, portadora del lazo; del oeste, la Diosa Roja con cabeza de leona, portando cadenas de hierro, y del norte, la Diosa Verde de cabeza de serpiente, llevando una campana. Así aparecerán las cuatro Guardianas de las Puertas salidas de tu cerebro y que vienen a brillar sobre ti. Reconócelas como a deidades tutelares.

»¡Oh, noble hijo!, en círculo alrededor de estas treinta deidades Herukas Irritadas, las veintiocho poderosas Diosas con cabezas diversas, portadoras de armas varias, surgiendo de tu cerebro, vendrán para brillar sobre ti. Pero no temas. Reconoce todo cuanto brillante se te aparezca como las formas-pensamientos de tus facultades intelectuales. En este momento, de una importancia vital, acuérdate de las enseñanzas de tu guru.

»¡Oh, noble hijo!, verás levantarse al Este la Morena

Diosa Rakshasa, de cabeza de Yak, llevando un dorje y un cráneo; la Diosa Amarillo-Roja Brahma con cabeza de serpiente, llevando un loto en la mano; la Gran Diosa Verde-Oscuro con cabeza de leopardo, llevando en la mano un tridente; la Diosa Azul de la indiscreción con cabeza de mono, llevando una rueda; la Diosa Virgen Roja con cabeza de oso de las nieves, llevando una espada corta en la mano y, en fin, la Diosa Blanca Indra con cabeza de oso, llevando un nudo hecho con intestinos en la mano. Estas seis Yoguinis del Este, surgidas del centro de tu cerebro, vendrán para brillar ante ti. Pero no temas nada.

»¡Oh, noble hijo!, del Sur vendrán, para brillar sobre ti, la Diosa Amarilla de las Delicias con cabeza de murciélago, llevando en la mano una navaja de afeitar; la Diosa Apacible Roja con cabeza de cabra, llevando una urna en la mano; la Diosa Amrita Roja de cabeza de escorpión, llevando en la mano un loto; la Diosa Blanca de la Luna con cabeza de milano, llevando en la mano un dorje; la Diosa del bastón Verde-Oscuro con cabeza de zorro, sosteniendo en la mano una maza y, en fin, la Rakshasi Negro-Amarillento con cabeza de tigre, llevando en la mano un cráneo lleno de sangre; estas seis Yoguinis del Sur, surgidas del lado sur de tu cerebro, vendrán a brillar junto a ti. Pero nada temas.

»¡Oh, noble hijo!, del Oeste aparecerán la Diosa comedora Negro-Verdosa con cabeza de buitre, llevando en la mano un bastón; la Roja Diosa de la Delicia de cabeza de caballo, llevando el tronco de un enorme cuerpo; la poderosa Diosa Blanca de cabeza de águila, llevando en la mano una maza; la Rakshasi Amarilla de cabeza de perro, llevando un dorje en su mano y cortando con una navaja de afeitar; la Diosa del Deseo Rojo con cabeza de abubilla, llevando un arco tendido y apuntando con una flecha y, finalmente, la Diosa guardiana de la Prosperidad Verde, de cabeza de ciervo, llevando una urna en la mano. Estas seis Yoguinis del Oeste, surgidas del lado oeste de tu cerebro, vendrán para brillar ante ti, pero no temas nada.

»¡Oh, noble hijo!, las cuatro Yoguinis de las Puertas, surgidas de tu mismo cerebro, vendrán a brillar sobre ti. Del Este, la Diosa Mística Negra con cabeza de cuco, llevando en la mano un gancho de hierro; del Sur, la Diosa Mística Amarilla, de cabeza de cadáver, teniendo un nudo en su mano; del Oeste, la Diosa Mística Roja con cabeza de león, llevando una cadena de hierro en la mano; del Norte, la Diosa Mística Negro-Verdosa, con cabeza de serpiente, llevando en la mano un abanico. Estas cuatro Yoguinis guardadoras de las Puertas, surgidas de tu propio cerebro, vendrán a brillar ante ti. Estas veintiocho poderosas Diosas emanan de las potencias corporales de Ratna Sambhava, el de las seis Deidades Herukas. Reconócelas.

»¡Oh, noble hijo!, las Deidades Apacibles emanan del Vacío del Dharma-Kaya. De la radiación del Dharma-Kaya emanan las Deidades Irritadas. Reconócelas. En este momento las cincuenta y ocho Deidades Bebedoras de sangre, surgiendo de tu propio cerebro, vendrán a brillar sobre ti. Si las reconoces como radiaciones de tu propio intelecto, te fundirás uniéndote instantáneamente a los cuerpos de estas Bebedoras de sangre y obtendrás el estado de Buda.

»¡Oh, noble hijo!, no reconociéndolas ahora y huyendo temeroso de estas deidades, una vez más los sufrimientos vendrán a agobiarte. De no saber esto, las Deidades bebedoras de sangre te causarán miedo y quedarás fascinado, aterrorizado, te desvanecerás. Tus propias formas-pensamientos se convertirán en apariencias ilusorias y vagarás en el Samsara. Si no quedas fascinado y aterrorizado, no irás a vagar por el Samsara.

»Además, los cuerpos de las más grandes Divinidades Apacibles y los de las Irritadas son iguales, en tamaño, a los límites de los cielos; los de talla mediana son grandes como el monte Merú; los más pequeños tienen dieciocho veces en altura el tamaño de tu cuerpo. Pero no te asustes. No quedes aterrado. Si todos los fenómenos que se producen con apariencia de brillantes formas divinas, o las radiaciones son reconocidas por ti como emanaciones de tu propia inteligencia, el estado de Buda te será concedido en el instante mismo en que practiques este reconocimiento. El precepto "el estado de Buda será obtenido en un instante", se aplica ahora. Recordarlo en este momento es obtener el estado de Buda, al fundirse en unión íntima con las radiaciones y los Kayás. Por lo tanto, ¡oh, noble hijo!, sean cuales sean las espantosas y terribles visiones que llegarán a ti, reconócelas como a tus propias formas o pensamientos. Porque si no las reconoces y te espantas, hijo mío, entonces todas las Deidades Apacibles brillarán con la forma de la Divinidad Maha-Kala (*Gong-po-nag-po*), y todas las Deidades Irritadas bajo la de Dharma-Rajá y Yama-Rajá (*Sin-jei-chokyi-gyal-po*), Señor de los Muertos; llegando a ser puras ilusiones tus propias formas-pensamientos, vagarás por el *Samsara*. Porque has de saber, ¡oh, noble hijo!, que si no eres capaz de reconocer tus propias formas-pensamientos, por instruido que estés en las Escrituras Sutras y Tantras, y aunque hubieses practicado la religión durante un kalpa, no obtendrás el estado de Buda. Mientras que si eres capaz de reconocer tus propias formas-pensamientos, sea en virtud de gran arte o gracias a una palabra, alcanzarás el estado de Buda. De no poderlas reconocer, apenas muerto, tus propias formas-pensamiento, las de Dharma-Rajá, el Señor de la Muerte, brillarán sobre el *Chonyid Bardo*. Los cuerpos más grandes de Dharma-Rajá, Señor de la Muerte, igualan a la vasta extensión de los cielos; los de talla mediana igualan al monte Merú; los más pequeños, que tienen dieciocho veces la altura de tu cuerpo, vendrán a llenar los sistemas de los mundos. Vendrán, mordiendo con sus dientes su propio labio infe-

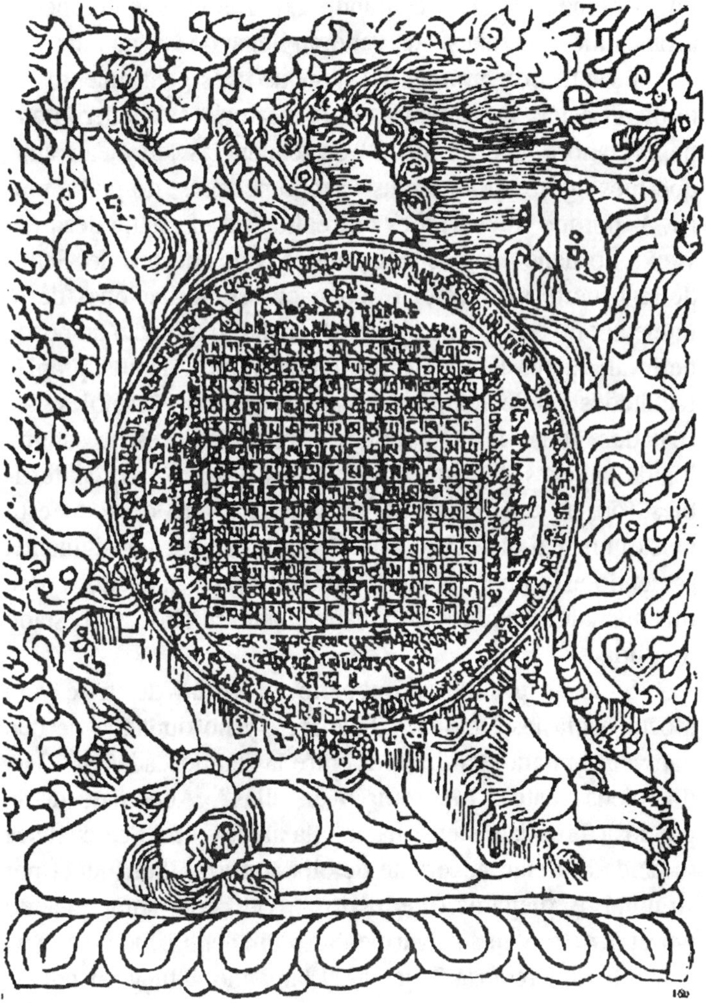

160

rior, con los ojos vidriosos, los cabellos anudados en la parte superior de la cabeza, anchos vientres, estrechos de cintura, llevando la tabla en la que están inscritos los pecados (*Khram-Sig*), gritando "¡pega!, ¡pega!", lamiendo un cráneo humano, bebiendo sangre, separando cabezas de sus cuerpos y arrancando corazones. Así vendrán llenando los mundos.

»Pero tú, ¡oh, noble hijo!, aunque tales pensamientos se te manifiesten, no te asustes ni te aterrorices; el cuerpo que posees ahora, cuerpo mental de tendencias kármicas, aunque fuese golpeado e incluso hecho pedazos, no podrá morir. Y porque tu cuerpo es en realidad de la naturaleza del vacío, no tiene por qué tener miedo. Los cuerpos del Señor de la Muerte son también emanaciones, radiaciones de tu intelecto; no están constituidos de materia; el vacío no puede herir al vacío. Fuera de las emanaciones de tus propias facultades intelectuales, exteriormente, los Apacibles, los Irritados, todas las Divinidades, los Bebedores de sangre, los de cabezas diversas, los fulgores de arco iris, las terribles formas del Señor de la Muerte, nada de todo esto existe, en reaildad. Esto no ofrece duda. Por consiguiente, sabiendo esto, todo miedo y todo terror son disipados por sí mismos y fundiéndose instantáneamente se obtiene el estado de Buda.

»Si te es posible reconocerlo en virtud de tu fe y tu afecto hacia las Deidades Tutelares, y no dudando de que han venido para recibirte por entre las emboscadas del Bardo, piensa esto: "Me refugio en ellas". Acuérdate de la preciosa Trinidad, siente hacia ella afecto y fe. Sea cual sea tu deidad tutelar, acuérdate de ella ahora y, llamándola por su nombre, ruega de este modo: "¡Ay! heme aquí vagando por el *Bardo*. Ven a salvarme. Sosténme en virtud de tu gracia, ¡oh tú, Preciosa Tutela!". Llamando a tu guru por su nombre, ruega así: "¡Ay!, heme aquí errando por el *Bardo*. Sálvame. Que tu gracia no me abandone". Cree también en las Deidades Bebedoras de sangre y ofréceles esta oración: "¡Ay, viéndome como me veo errante por el *Samsara*, a causa de la fuerza desbordante de las ilusiones, en la vía luminosa del abandono del miedo, del temor y del terror, ¡que puedan las tropas de los Bhagavans, de los Apacibles y de los Irritados conducirme! ¡Que puedan las Diosas Irritadas, tan numerosas, seguirme para protegerme y salvarme de las terribles emboscadas del *Bardo*, y colocarme en el estado de Buda perfectamente iluminado! Ahora que me encuentro solo, vagando lejos de mis amigos más queridos, y cuando las formas vacías de mis pensamientos brillan aquí, ¡que puedan los Budas ejercer la fuerza de su gracia para que no vengan el miedo, el espanto y el terror al Bardo cuando las cinco brillantes Luces de la Sabiduría brillen aquí! ¡Que pueda reconocerlas sin espanto ni terror! Y cuando los Divinos cuerpos de los Apacibles y de los Irritados brillen igualmente aquí, ¡que pueda obtener la seguridad de que no tendré miedo y de que reconoceré el *Bardo*! Cuando en virtud de la fuerza de un mal *Karma* se prueba el sufrimiento, ¡que puedan las Deidades Tutelares disipar esta desgracia! Cuando el sonido natural de la Realidad llega girando en ondas semejantes a un millar de truenos, ¡que pueda ser transmutado en sonido de Seis Sílabas!. Cuando estoy sin protección, teniendo que soportar el *Karma*, suplico al Gracioso Compasivo Chenrazee que me proteja. En fin, cuando sufro aquí las angustias de las tendencias kármicas, ¡que puedan aparecer, para felicidad mía, la Clara Luz y los cinco elementos! No levantarse como enemigos, sino que me sea dado advertir los Reinos de los Cinco Ordenes de los Iluminados".»

De esta manera, y con fe profunda y humildad, ofrece esta oración en virtud de la cual todos los miedos serán desterrados y el estado de Buda será seguramente alcanzado en el *Samsara*. Ahora bien, y esto es importante, es preciso repetir la operación del mismo modo tres e incluso siete veces. Entonces, por pesado que sea el mal *Karma*, y por débil el *Karma* que quede, es imposible que la Liberación no sea obtenida. Si, a pesar de todo, lo realizado en cada estado transitorio del *Bardo*, el reconocimiento de las Divinidades no ha sido hecho, se está expuesto a seguir vagando más lejos, en el tercer *Bardo*, llamado *Sidpa Bardo*, para el cual la confrontación ya será expuesta más adelante con todo detalle.

## CONCLUSION QUE DEMUESTRA LA IMPORTANCIA FUNDAMENTAL DE LAS ENSEÑANZAS DEL *BARDO*

Sean cuales hayan podido ser las prácticas religiosas de un ser, amplias o escasas, en el momento de la muerte, numerosas ilusiones turbadoras se le ofrecen, por lo que resulta que este *Thodol* es imprescindible. Para quienes han meditado mucho, la verdad real luce tan pronto como el principio consciente y el cuerpo se separan. Es importante adquirir experiencia durante la vida, pues los que entonces han reconocido su verdadera naturaleza y han conseguido experiencia, obtienen gran poder durante el *Bardo* desde el momento de la muerte, apenas la Clara Luz aparece.

La meditación hecha en vida a propósito de las Deidades del Sendero Místico del Mantra, en los estados de visualización y de perfección, tendrán asimismo gran influencia cuando las visiones apacibles y las violentas aparezcan en el *Chonyid Bardo*. Por esta causa, la práctica de este *Bardo* es de una importancia particular, incluso durante la vida. Es preciso encariñarse con este texto, leerlo, retenerlo y recordarlo exactamente. Leedlo regularmente tres veces con objeto de que sus palabras y su sentido sean perfectamente claros (para el que lo hace), llegad a que las palabras y su significado no sean olvidados, aunque se fuese perseguido por un centenar de verdugos. Y es llamado la Gran Liberación por el entendimiento, porque incluso los que han cometido las cinco ofensas capitales están seguros de ser liberados de escuchar esta enseñanza por la vía del oído.

Por consiguiente, leed este texto en medio de asambleas numerosas. Dadle publicidad. El que lo ha oído una vez, aun si no lo ha comprendido, se acordará de él en el estado intermedio sin olvidar una sola palabra, pues entonces la inteligencia es nueve veces más lúcida. A causa de ello, pronunciado a la oreja de todo ser viviente, debe ser leído a la cabecera de toda persona enferma y al lado de todos los cuerpos privados de vida; finalmente, debe ser extendido y difundido por todas partes.

Los que entienden esta doctrina, en verdad que son afortunados. Pues, salvo para aquellos que se han acumulado mucho mérito, y se han librado de muchas oscuridades, es difícil darse cuenta del contenido de esta enseñanza. Incluso si es conocida, resulta difícil de comprender. Ahora bien, la liberación será obtenida simplemente con no dudar una vez que se la ha escuchado. Por consiguiente, tratad esta doctrina con gran amor, pues es la esencia de todas las doctrinas.

La confrontación directa con la experiencia de la realidad, llamada «Enseñanza que libera con sólo entenderla» y «que libera por el hecho de haber visto y comprendido lo visto», ha terminado.

# LIBRO SEGUNDO

## EL *SIDPA BARDO*

RECONOCIDO COMO LA PARTE DEL ESPÍRITU DE LA ENSEÑANZA LLAMADA LA ESENCIA PROFUNDA DE LA LIBERACIÓN MEDIANTE ENTENDIMIENTO, LO QUE RECORDARÁ LA CLARA CONFRONTACIÓN EN EL ESTADO INTERMEDIO CUANDO SE BUSCA EL RENACIMIENTO

## LAS OBEDIENCIAS

A las Deidades reunidas.
A las tutelares.
A los gurus, a los que hay que rendir obediencia humildemente.
¡Que pueda la Liberación, en el estado intermedio, ser concedida por ellos!

# INTRODUCCION

*Antes, del Gran Bardo Thodol*
*el Bardo llamado Chonyid fue enseñado.*
*Ahora, del Bardo llamado Sidpa*
*un vivo recuerdo va a ser mostrado.*

# PRIMERA PARTE

### El mundo luego de la muerte

*Introducción instructiva para el Oficiante*

Bien que hasta ahora en el *Chonyid Bardo* muchas llamadas activas hayan sido hechas, si se exceptúa los positivamente familiarizados con la Verdad real y los que cuentan con un buen *karma* (sabios y santos), para los que además de tener mal *karma* no están familiarizados (con la Verdad), y para los que a causa de su mal *karma* son víctima del miedo y del terror, el reconocimiento es difícil. Estos siguen descendiendo hasta el decimocuarto día, y para impresionarles de nuevo fuertemente se debe leer lo que sigue:

## EL CUERPO DEL BARDO, SU NACIMIENTO Y SUS FACULTADES SUPRANORMALES

Después de haber rendido homenaje a la Trinidad, y recitada la oración para solicitar la ayuda de Budas y Bodisatvas, llamad al muerto por su nombre tres o siete veces, y habladle de este modo:

«¡Oh, noble hijo!, escucha bien y graba esto en tu corazón:

que el nacimiento en el mundo infernal, en el mundo dévico y en el cuerpo del *Bardo* es considerado como nacimiento supranormal.

»Ciertamente, cuando experimentabas las radiaciones de los Apacibles y de los Irritados en el *Chonyid Bardo*, incapaz de reconocerlos, el miedo te hizo desvanecerte durante tres días y medio después de tu muerte. Luego, al recobrarte, "el Conocedor" se ha levantado en ti en su condición primordial y un cuerpo radiante, parecido a tu cuerpo anterior, se ha lanzado de pronto, como dice el Tantra: Teniendo un cuerpo semejante, pero sin carne, al anterior a éste que súbitamente se ha manifestado, dotado de todas las facultades de los sentidos y de poder moverse libremente, estando en posesión de los maravillosos poderes kármicos, visibles a puros ojos celestiales de los seres del *Bardo*, de naturaleza semejante a la tuya.

»Y ahora, he aquí la enseñanza: este cuerpo radiante del que se habla, "semejante al anterior y al que será producido", indica que se tendrá un cuerpo semejante al de carne y sangre anterior, el cuerpo humano de las tendencias y que también estará dotado de ciertas marcas y de hermosuras y perfecciones como poseen los seres de los altos destinos. Este cuerpo, nacido del deseo, es una alucinación de forma-pensamiento en el estado intermedio, si debes renacer como deva, visiones del mundo dévico se te aparecerán; así como si tienes que renacer bien como *asura*, o como ser humano, como animal, como *preta*, o como ser del Infierno, se te aparecerá una visión del mundo correspondiente. En consecuencia, la palabra "anterior" (en la mención) implica que, hasta el tercer día y medio, creerás tener el mismo cuerpo de carne que poseías en tu existencia anterior, a causa de tus tendencias habituales. Y las palabras "que será producido" son empleadas porque después tendrás una visión del futuro lugar de tu nacimiento. Por lo que la expresión entera: "al anterior a aquel que será producido" se refiere a éstos: el cuerpo de carne que acaba de ser abandonado, y el cuerpo de carne que se tendrá cuando se renazca. En este momento no sigas a las visiones que se te aparezcan. No seas débil. Si por debilidad sientes afecto hacia ellas, tendrás que vagar por entre los seis Lokas y tendrás que sufrir.

»Hasta el otro día fuiste incapaz de reconocer el *Chonyid Bardo* y has tenido que vagar descendiendo hasta llegar aquí. Ahora, si quieres mantenerte firme en la Verdad Real, debes dejar descansar a tu espíritu, sin distracción, en la inacción y la no-inclinación hacia algo, en el estado sin oscuridad, primordial, brillante, de vacío de tu inteligencia; el estado que te fue enseñado por tu guru. Mediante ello lograrás la Liberación sin verte obligado a volver a pasar la Puerta de las Matrices. Pero si eres incapaz de conocerte a ti mismo, entonces, sea cual sea tu Deidad tutelar y tu guru, medita a propósito de ellos en estado de afección intensa y de humilde confianza, colocándolos como una corona por encima de tu cabeza. Esto es de la mayor importancia. No caigas en distracciones.»

*Instrucciones para el Oficiante*

Hablad de este modo y si así el reconocimieno puede hacerse, la Liberación será obtenida sin que haya necesidad de errar por los seis *Lokas*. Si, no obstante, a causa de la influencia del mal *karma*, el reconocimiento es difícil, entonces decid lo que sigue:

«¡Oh, noble hijo!, escucha bien: si estás dotado de todas las facultades de los sentidos y no puedes moverte libremente quiere decir que, no obstante lo que hayas podido ser cuando estabas vivo —ciego, sordo o inválido—, en este plan de Después de la Muerte tus ojos verán las formas, tus oídos captarán los sonidos y todos los demás sentidos-órganos estarán intactos y dotados de una agudeza completa. He aquí por qué se ha dicho que el cuerpo, en el *Bardo*, estaría "dotado de todas las facultades de los sentidos". Esta condición de existencia en la que te encuentras ahora indica que estás muerto y errante en el *Bardo*. Actúa de modo que sepas esto. Recuerda las enseñanzas; acuérdate, en efecto, de las enseñanzas.

»¡Oh, noble hijo!, "el movimiento libre" quiere decir que tu cuerpo actual es un cuerpo de deseo —habiendo sido separado tu intelecto de su natural asentamiento— y no un cuerpo de materia grosera, de tal modo que ahora tienes la facultad de pasar a través de masas rocosas, casas y hasta del propio monte Merú, sin que nada te detenga. Excepto Buda Gaya y el seno de una madre, todo, hasta la montaña real, el monte Merú, puede ser atravesado por ti, hacia delante o hacia atrás, sin que nadie te lo impida. Esto significa también para ti una prueba de que vagas por el *Sidpa Bardo*. Recuerda las enseñazas de tu guru y ruega al Señor de Compasión.

»¡Oh, noble hijo!, actualmente estás dotado de un poder de acción milagroso que no es producto de un *Samadhi*, sino que es un poder venido a ti de un modo natural y por lo mismo de naturaleza kármica. Eres capaz de atravesar en un instante los cuatro continentes que rodean al monte Merú o estar instantáneamente allí donde se te antoje; tienes la facultad de ir a donde quieras en el tiempo que un hombre emplearía en doblar o extender una mano. Estos diversos poderes de ilusión y de cambio de forma no los desees, sin embargo. Ninguno de los poderes que pudieras desear te es imposible ahora. La posibilidad de ejercerlos sin obstáculos está en ti mismo. Conócela y ruega al guru.

»¡Oh, noble hijo!, "visible a los puros ojos celestiales y de naturaleza semejante" significa que los seres de la misma naturaleza, a causa de ser de idéntica constitución (o nivel de conocimientos) en el estado intermedio, pueden verse mutuamente. Por ejemplo, los seres que están destinados a renacer entre los *devas*, se verán unos a otros, y así sucesivamente. No te aficiones a los que veas, mejor es que medites sobre el

Misericordioso. "Visible a los puros ojos celestiales" significa también que los *devas*, habiendo nacido puros por la virtud del mérito, son visibles para los puros ojos celestiales de quienes practiquen *dhyana*. Estos no los verán siempre, sino cuando estén en concentración mental. En los otros momentos no los verán. A veces, incluso durante la práctica del *dhyana*, no los verán si se distraen.»

## CARACTERISTICAS DE LA EXISTENCIA EN EL ESTADO INTERMEDIO

«¡Oh, noble hijo!, el poseedor de esta clase de cuerpo verá los lugares que le han sido familiares en la Tierra, así como a sus padres, del modo como los ve en los ensueños. Ves a tus padres, a tus amigos, les hablas y no recibes respuesta de ellos. Entonces, viéndoles llorar, así como a tu familia, piensas: "Estoy muerto, ¿qué voy a hacer?" Y sientes un gran dolor, cual el pez sacado del agua y puesto sobre brasas ardientes. En este momento sentirás todo este sufrimiento. Pero sufrir no te servirá de nada. Si tienes un guru divino, ruégale. Ruega a la Deidad Tutelar, el Compasivo. Pero si sientes aún atracción hacia tus parientes y amigos, esto no te será en modo alguno provechoso. Por lo tanto, despréndete de ellos. Ruega al Señor de la Compasión y entonces ya no tendrás dolor alguno, ni terror al miedo.

»¡Oh, noble hijo!, cuando te veas empujado de aquí para allá por el viento en perpetuo movimiento del *karma*, tu intelecto, falto de objeto sobre el que reposar, será como una pluma arrastrada por el viento, corcel del gran aliento. Sin cesar, involuntariamente vagarás. A todos los que lloren les dirás: "Aquí estoy, no lloréis". Pero como no te oirán, pensarás: "Estoy muerto", y en ese momento te sentirás desgraciado. Pero no lo seas por esto. Habrá una luz gris de crepúsculo, de noche, de día, en todo momento. En esta especie de estado intermedio permanecerás una, dos, cuatro, cinco, seis o siete semanas, hasta el día cuarenta y nueve. Se dice por lo general que las miserias del *Sidpa Bardo* son sufridas aproximadamente durante veintidós días; pero a causa de la influencia determinante del karma no es posible asegurar la duración de este período.

»¡Oh, noble hijo!, hacia este momento el terrible viento del espantoso *karma*, muy duro de soportar, te empujará por detrás a ráfagas. Tampoco le temas. En otros casos, personas de malísimo *karma*, produciendo kármicamente *rakshasas* (demonios) comedores de carne, llevando armas diversas, aullando "¡pega!, ¡mata!", y produciendo un espantoso tumulto, vendrán hacia ti, pareciendo ponerse de acuerdo para ver cuál de ellos te cogerá. Apariciones ilusorias de seres perseguidos por diversos y terribles animales de presa se levantarán. La nieve, la lluvia, la noche, las ráfagas de viento, las alucinaciones de seres perseguidos por multitudes vendrán asimismo. Sonidos como de montañas derrumbándose, como el mar en plena tempestad, como el estallido de un incendio, como un ciclón, se desencadenarán. Cuando estos sonidos lleguen, aterrado por ellos se huye, se escapa en cualquier dirección, sin preocuparse de adónde se va. Pero el camino estará cortado por tres horribles precipicios: uno blanco, otro negro y otro rojo. Serán espantosos y profundos y se tendrá la impresión de caer en ellos. Pero no son, ¡oh, noble hijo! verdaderas simas. Son la cólera, la codicia y la estupidez. Has de saber en tal momento que es en el *Sidpa Bardo* donde te encuentras. Invocando el nombre del Compasivo, reza con atención de este modo: "¡Oh, Señor Compasivo, así como tú, mi guru!, y la Preciosa Trinidad. No permitáis que yo (aquí el nombre) caiga en los mundos desgraciados". Actúa de modo que no olvides esto.

»Otros que han acumulado méritos y se han consagrado de modo sincero a la religión, experimentan gran felicidad, placeres deliciosos y un bienestar sin parangón. Pero esa clase neutra de seres, que ni han adquirido méritos ni creado mal karma, no conocerán ni placer ni pena, sino una especie de incolora estupidez indiferente. ¡Oh, noble hijo!, sea lo que sea lo que pueda ocurrir y por deliciosos placeres que conozcas, no te sientas atraído hacia ellos, no los ames, piensa más bien: "Que puedan el guru y la Trinidad ser honrados por esas delicias concedidas por el mérito". Abandona toda inclinación, todo deseo. Incluso, si no sintieses ni placer ni pena, sino sólo indiferencia, conserva tu intelecto, sin distraerte, en el estado de meditación del Gran Símbolo, sin pensar que estás en meditación. Porque cuando se piensa que se medita, este pensamiento basta para turbar la meditación. Así pues, esto es de la mayor importancia.

»¡Oh, noble hijo!, en este momento, en las cabezas de puente, en los templos, cerca de las *Stupas*, pagodas en sus ocho clases, descansarás un poco. Pero no podrás permanecer allí largo tiempo, pues tu intelecto ha sido separado de tu cuerpo terrestre. A causa de esta imposibilidad de ir de aquí para allá perdiendo el tiempo, te sentirás turbado, a disgusto, víctima del pánico. Por momentos "el Conocedor" será deslucido, sin brillo, por momentos huidizo e incoherente. Entonces pensarás: "¡Ay!, estoy muerto, ¿qué puedo hacer?" y a causa de este pensamiento, "el Conocedor" quedará entristecido. En cuanto a ti, tu corazón estará helado y sentirás un abandono y una angustia infinita. Y puesto que no puedes permanecer en reposo en cualquier lugar, y estás obligado a ir hacia delante, no pienses cosas variadas, deja a tu intelecto permanecer en un estado no modificado. En cuanto a alimento, puedes tomar aquel que te ha sido consagrado, pero no otro.

»Tales son los procederes ordinarios del cuerpo mental en el *Sidpa Bardo*. En este momento, tanto la pena como la alegría dependerán del *Karma*. Verás tu casa, a tus servidores, a tu familia, así como a tu cuerpo y pensarás: "Ahora estoy muerto, ¿qué puedo hacer?" y oprimido por una gran angustia, seguirás pensando: "¡Qué no daría por tener un cuerpo!" Y con esta idea irás de aquí para allá buscándolo. Incluso, de serte posible, no una, nueve veces seguidas te volverás a meter en tu cadáver, que a causa del largo intervalo pasado en el *Chonyid Bardo* estará helado de ser invierno; descompuesto en el verano, o llevado a la cremación por tu familia, o enterrado, o arrojado al agua, o dado a las aves de presa o a los animales salvajes. Por lo que, no encontrando en parte alguna donde meterte, te sentirás contrariado y tendrás la sensación de ser comprimido entre grietas y precipicios por rocas y peñas.

»Esta experiencia tiene lugar en el estado intermedio cuando se trata de renacer. Entonces, incluso buscando un cuerpo, no tendrás sino molestias. Arroja lejos de ti este deseo de tener cuerpo, deja a tu espíritu permanecer en el estado de resignación y actúa de modo que puedas permanecer en él.»

Confrontado de este modo se obtiene la liberación del *Bardo*.

### EL JUICIO

*Instrucciones para el Oficiante*

Es todavía posible, no obstante, que por la influencia de un mal *karma* no se reconozca siquiera lo que ocurre. En este caso llamad al difunto por su nombre y habladle de este modo:

«¡Oh, noble hijo, escucha! Si sufres como lo haces es a causa de tu propio *karma*, lo que no es debido a cosa distinta de él. Por consiguiente, ruega con fervor a la Preciosa Trinidad; hacerlo te protegerá. Si no rezas, ni sabes meditar a propósito del Gran Símbolo ni de ninguna Deidad Tutelar, el Buen Genio, el pequeño dios blanco que nació simultáneamente contigo, vendrá ahora y contará tus buenas acciones con piedras blancas, y el Genio Malo, el pequeño demonio negro, nacido simultáneamente contigo, vendrá a contar las malas acciones mediante piedras negras. Esto te causará mucho miedo, horror, terror y grandes temblores. Entonces tratarás de mentir diciendo: "¡Yo no he cometido mala acción!" Pero el Señor de la Muerte dirá: "Voy a consultar el Espejo del *Karma*". Diciendo esto, mirará al Espejo, en el que todo acto bueno o malo está claramente reflejado. Mentir, pues, no te servirá de nada. Entonces, uno de los verdugos-furias del Señor de la Muerte enrollará una cuerda alrededor de tu cuello y hecho esto te arrastrará. Cortará tu cabeza, arrancará tu corazón, hará salir tus intestinos, lamerá tu cerebro, beberá tu sangre, comerá tu carne, roerá tus huesos; no obstante, serás incapaz de morir. Aunque tu cuerpo sea cortado en pedazos, revivirá. Estos suplicios repetidos te causarán un dolor y una tortura intensos. Pero incluso en el momento de contar las piedras no te asustes ni te aterrorices; no mientas ni temas al Señor de la Muerte. Tu cuerpo, siendo un cuerpo-mental, es incapaz de morir, aun decapitado y hecho pedazos. En realidad, tu cuerpo es de la naturaleza del Vacío. No tienes necesidad de temer. Los Señores de la Muerte son tus propias alucinaciones. Tu cuerpo de deseo es un cuerpo de tendencias y de vacío. El Vacío no puede herir al vacío; lo que no tiene cualidad no puede herir a lo que no tiene cualidad. Aparte de las alucinaciones personales, en verdad no existe nada fuera de uno mismo, ni cosas o seres tales como el Señor de la Muerte, Dios, el Demonio o el Espíritu de la Muerte con cabeza de toro. Obra de modo que te des cuenta de esto. En este momento haz lo necesario para reconocer que estás en el *Bardo*. Medita sobre la Samadhi del Gran Símbolo. Si eres incapaz de meditar, entonces limítate a analizar con cuidado la naturaleza real de lo que te espanta; en realidad, no está formado de nada, no es sino el vacío mismo. Esto es el Dharma-Kaya. Este vacío no es de la naturaleza del Vacío de la nada, sino un vacío cuya verdadera naturaleza te impresionará y ante el cual tu inteligencia brilla claramente y con más lucidez; éste es el estado de espíritu en el Sambogha-Kaya. En el estado en que existes, experimentas con intensidad insoportable Vacío y Claridad inseparables —el Vacío claro por naturaleza, y Claridad por naturaleza vacía, y la Claridad inseparable del Vacío—, un estado primordial (o no modificado) del intelecto que es el Adi-Kaya. Y la fuerza de esto brillando sin obstáculo irradiará por todas partes. Esto es el Nirmana-Kaya.

»¡Oh, noble hijo!, escucha sin distraerte. Tan sólo por el conocimiento de los cuatro Kayas puedes obtener la Emancipación perfecta en uno de ellos. No te distraigas. La línea de demarcación entre los Budas y los seres animados pasa por aquí. Por lo mismo, este momento es de gran importancia. Si en este momento estás distraído, te faltarán innumerables eones de tiempo para salir de tu sumidero de dolor. Hay una expresión cuya verdad puede ser aplicada: "En un momento una diferencia marcada es creada. En un momento de Iluminación Perfecta es obtenida". Hasta el momento que acabas de pasar, todo ese *bardo* ha lucido sobre ti y, no obstante, no lo has reconocido porque estabas distraído. Por esta causa has sido víctima del miedo y del terror. Si ahora vuelves a distraerte, las cuerdas de la divina compasión de "aquel que tiene los ojos caritativos" se romperán (los rayos de la gracia de Chenrazee dejarán de brillar) y caerás allí donde ya no hay liberación inmediata. Por consiguiente, sé prudente. Aunque hasta ahora no hayas sido capaz de reconocer, no obstante las confrontaciones, puedes realizarlo en este momento y obtener la Liberación.»

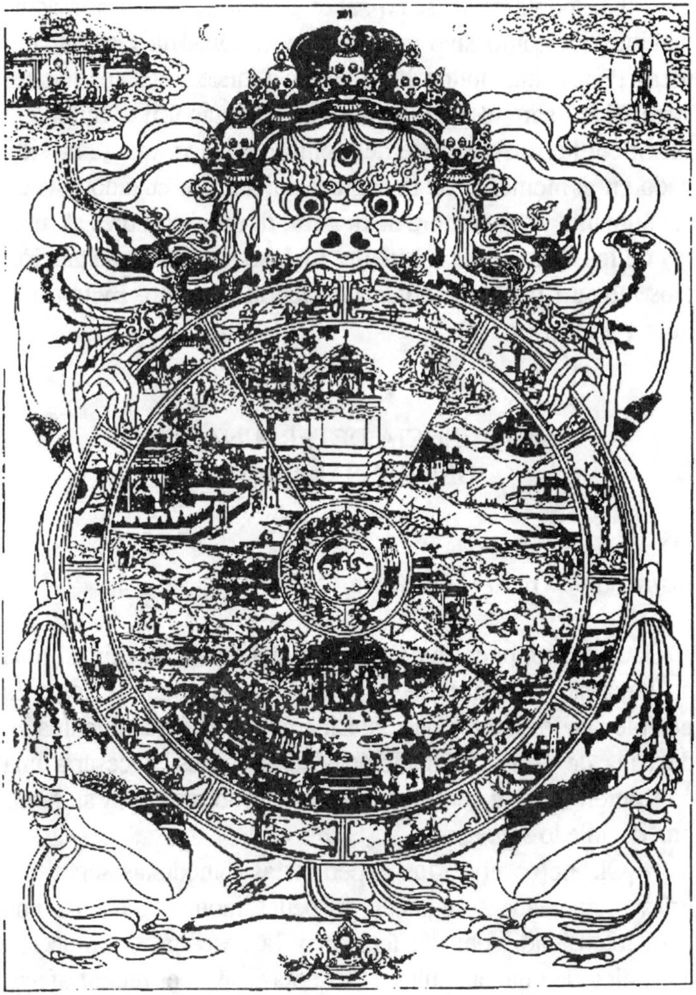

*Instrucciones para el Oficiante*

Si os dirigís a un pobre iletrado, que no sabe cómo meditar, decidle esto:

«¡Oh, noble hijo!, si no sabes cómo meditar, actúa acordándote del Compasivo y el Sangha, el Dharma y el Buda, y reza. Piensa que todos los miedos y todas las apariciones terroríficas son tu Deidad Tutelar o la manifestación del Misericordioso. Acuérdate del nombre místico, que te ha sido dado en el momento de tu sagrada iniciación, cuando eras un ser humano, y del nombre de tu guru; di estos nombres al Justo rey de los Señores de la Muerte. Incluso si cayeses en precipicios, no sufrirías daño alguno haciendo lo dicho. Evita así el horror y el terror.»

## INFLUENCIA DETERMINANTE
## DEL PENSAMIENTO

*Instrucciones para el Oficiante*

Decid esto, pues, aunque con dicha confrontación, si bien no haya sido obtenida la Liberación, será obtenida aquí. Es posible, no obstante, que la Liberación no sea obtenida ni después de esta confrontación. Siendo, pues, necesaria una aplicación tensa y continua, llamando al difunto por su nombre, decidle lo siguiente:

«¡Oh, noble hijo!, tus experiencias inmediatas serán alegrías momentáneas seguidas de penas momentáneas de una gran intensidad, como la tensión y la descarga de la acción mecánica de una catapulta. No sientas, pues, el menor afecto hacia las alegrías ni el menor desagrado hacia los disgustos. Si has de nacer en un plano más elevado, la visión de este plano empezará a apuntar sobre ti. Tus parientes vivos pueden, a modo de ofrenda para beneficiarte, sacrificar muchos animales, cumplir ceremonias religiosas y dar limosna. Tú, por causa de tu visión no purificada, puedes ser arrastrado a encolerizarte mucho viendo sus actos, lo que, en tal momento, podría ocasionarte el renacimiento en el Infierno. Sea lo que sea lo que hagan los que has dejado tras de ti, obra de modo que ningún pensamiento de cólera se produzca en ti, y piensa con amor en ellos. Además, si te sientes atraído por los bienes del mundo dejados tras de ti, o si, viendo estos bienes que poseías en manos de otras personas, por debilidad continúas amándolos, si experimentas cólera hacia tus sucesores, este sentimiento afectará psicológicamente tal momento de un modo que incluso si estabas destinado a nacer en un plano superior más feliz, te veas obligado a hacerlo en el Infierno, o en el mundo de los *pretas* (espíritus desgraciados). Por otra parte, si sigues amando los bienes terrenales dejados detrás de ti, como no serás capaz de poseerlos, de nada te han de servir. Por lo tanto, abandona toda debilidad y toda inclinación hacia ellos, arroja lejos de ti por completo estos sentimientos, renuncia a ellos de todo corazón. Poco importa quién pueda poseer tus anteriores riquezas, no tengas sentimientos avaros; al contrario, dispone a abandonar todo voluntariamente. Piensa que ofreces estos bienes a la Preciosa Trinidad y a tu guru, y permanece en el desinterés, lejos de todo deseo y debilidad.

»Cuando la recitación del Kamkani Mantra se haga en tus funerales, cuando un rito por la abolición del mal *karma* —que pudiera hacerte renacer en las regiones bajas— sea practicado en honor tuyo, si ves que esto se realiza de una manera incorrecta, con sueño, distracción, sin observar los votos, con falta de pureza por parte del oficiante, o efectuado con ligereza —todo lo cual serás capaz de ver, puesto que estás dotado del poder kármico de presencia, si bien limitado—, puedes experimentar una falta de fe, una ausencia de creencias en tu religión. Puesto que serás capaz de darte cuenta de todo miedo o temor, de las malas acciones, de las conductas irreligiosas y de juzgar cuándo los rituales son recitados incorrectamente, entonces pensarás: "¡Ay!, en verdad me están traicionando". Pensando esto te sentirás deprimido, y víctima de gran resentimiento caerás en la duda y en la pérdida de la fe en vez de en el afecto y la fe humilde. Y como ello afectará a tal momento psicológico, puedes estar seguro de renacer en condiciones miserables. Es decir, que pensar de tal modo no sólo no te servirá de nada sino que, por el contrario, te ocasionará el mayor mal. Por incorrecto, pues, que sea el ritual e inconveniente la conducta de los sacerdotes que llevan a cabo los ritos funerarios, piensa: "No hay duda que los que son impuros son mis pensamientos. Porque ¿cómo sería posible que las palabras del Buda fuesen incorrectas? Es como si viese en un espejo el reflejo de las manchas de mi propia cara; mis propios pensamientos, pues, deben ser impuros. En cuanto a los sacerdotes, el Sangha es su cuerpo, el Dharma su palabra y su espíritu; son, pues, en verdad, el Buda. Tomo, sí, refugio en ellos". Pensando de este modo, ten confianza en ellos y ejerce un amor sincero hacia ellos. Entonces, todo cuanto sea hecho por ti por aquellos que has dejado atrás será verdaderamente en beneficio tuyo. Así pues, este ejercicio de tu amor es de gran importancia, no lo olvides.

»Si estuvieras destinado a nacer en uno de esos estados miserables, y el fulgor de tal estado miserable luciese ya sobre ti, si tus sucesores y parientes cumpliesen los ritos blancos religiosos sin mezclarlos con malas acciones, y si los lamas y sacerdotes instruidos se consagrasen mediante actos, palabras y voluntad al cumplimiento de los ritos meritorios convenientes, la alegría bien acogida que sentirías viéndoles afectaría por su sola virtud el momento psicológico de tu desgracia de tal modo que incluso si merecieses un nacimiento en un mundo desgraciado, ello llevaría tu nacimiento a un plano más elevado y más feliz. Por lo tanto, no has de crear pensamientos impíos; al contrario, practicar imparcialmente con todos una afección pura y una fe humilde. Esto es de la mayor importancia. Sé, pues, extremadamente prudente.

»¡Oh, noble hijo!, para resumir: tu intelecto actual en el estado presente no depende de nada seguro; teniendo poco peso y estando en continuo movimiento, todo pensamiento que se te ocurra ahora, piadoso o impío, adquiriría gran fuerza. Por consiguiente, no pienses en cosas impías, acordándote, por el contrario, de cualquier clase de ejercicio de devoción; en el caso de no estar acostumbrado a tales ejercicios, muestra afectos sinceros y fe humilde. Ruega al Compasivo o a tu Deidad tutelar, diciendo de un modo resuelto: "¡Ay! mientras estoy solo, errante, separado de los amigos queridos; cuando el reflejo vacío de cuerpo de mis propias ideas mentales brille sobre mí, ¡que puedan los Budas ejercer su poder de compasión y conceder que no hay en el *bardo* ni miedo, ni horror ni terror! Mientras soporto las miserias de un mal *karma*, ¡que puedan las Deidades Tutelares disipar estas miserias! Cuando miles de truenos del sonido de la Realidad repercuten, ¡ojalá no sean sino el sonido de las Seis Sílabas! Cuando el *karma* nos sigue y se está sin protector, ¡que pueda el Compasivo protegerme a mí; se lo suplico! Cuando soporto aquí las miserias de las tendencias kármicas, ¡que la radiación de la feliz y clara luz de Samadhi luzca sobre mí!"

»Este ruego sincero será para ti un guía seguro. Puedes estar cierto de no verte defraudado. Esto es de gran importancia. Mediante esta oración, aún una vez vendrá a ti el recuerdo, y el reconocimiento y la Liberación quedarán cumplidos.»

# EL AMANECER DE LAS LUCES DE LOS SEIS *LOKAS*

*Instrucciones para el Oficiante*

No obstante, si el reconocimiento es difícil, a pesar de la frecuente repetición de esta instrucción, a causa de la influencia de un mal karma, será sumamente beneficioso repetir estas confrontaciones por entero varias veces. Llamad, pues, una vez más al difunto por su nombre y decidle:

«¡Oh, noble hijo!, si has sido incapaz de hacer tuyo lo que ha sido dicho antes, ocurrirá forzosamente que el cuerpo de la pasada vida se volverá cada vez más horroroso y el de la futura cada vez más claro. Entristecido por ello, pensarás: "¿Qué desdicha voy a soportar todavía? Pero, sea cual sea el cuerpo que deba tener, iré a buscarlo". Pensando esto, vagarás de aquí para allá distraído y de un modo incesante. Entonces brillarán sobre ti los resplandores de los seis *lokas* Samsáricos: el resplandor de aquel donde la fuerza del *karma* te hará nacer, brillará de un modo más acusado.

»¡Oh, noble hijo, escucha! Si deseas saber cuáles son estas seis Luces, helo aquí: un apagado resplandor blanco del mundo dévico, un empañado fulgor verde del mundo asúrico, un mortecino fulgor amarillo del mundo humano, un deslucido fulgor azul del mundo animal, un poco brillante fulgor rojo del mundo prético y un fulgor sin brillo, grisáceo, del mundo infernal. En tal momento, por la fuerza del *karma*, tu cuerpo tomará el color de la luz del mundo en que debas renacer.

»¡Oh, noble hijo!, el particular arte de esta enseñanza es especialmente importante en este momento. sea cual sea el fulgor que brille sobre ti, medita sobre él y sobre el Compasivo. Venga de donde venga el fulgor, considera tal lugar como existiendo desde el Compasivo. Esto constituye un arte profundo y sutil y podrá impedir el renacimiento. Sea cual pueda ser tu Deidad Tutelar, medita sobre su forma durante largo tiempo —como si fuese una apariencia desprovista de existencia real—; es decir, como una forma creada por un mago, llamada la forma pura de ilusión. Deja entonces que la visión de la Deidad Tutelar se funda y desaparezca, partiendo de los contornos extremos hacia el centro, hasta que nada de ella quede ya visible; y ponte entonces en estado de Claridad y de Vacío —que, por supuesto te es imposible concebir en modo alguno— y permanece así un tiempo. Medita de nuevo sobre la Deidad Tutelar, de nuevo también sobre la Clara Luz, haciéndolo alternativamente. Entonces deja que tu propio intelecto se funda gradualmente, empezando por los extremos.

»En todo lugar donde reina el éter, reina la conciencia. En todo lugar donde reina la conciencia, reina el Dharma-Kaya. Permanece, pues, tranquilo en el estado increado del Dharma-Kaya. En este estado el nacimiento no puede efectuarse, y es alcanzada la Iluminación perfecta.»

# SEGUNDA PARTE

## EL PROCEDIMIENTO DEL RENACIMIENTO

### El cierre de la Puerta de la Matriz

*Instrucciones para el Oficiante*

Todavía puede ocurrir que a causa de la falta de perseverancia en la devoción, o de la falta de costumbre, que se continúe siendo incapaz de comprender; se puede asimismo estar sumergido por la ilusión y vagar hacia las puertas de las matrices. Las instrucciones para cerrar estas puertas son muy importantes. Llamad al difunto por su nombre y decidle:

«¡Oh, noble hijo!, si no has comprendido lo que precede, en este momento, a causa de la influencia del *karma*, tendrás la sensación de que subes, o de que marchas por alguna cosa a nivel, o de que bajas. Entonces medita sobre el Compasivo. No lo olvides. Y sucederá, como ha sido dicho, que las ráfagas de viento, los torbellinos de granizo, las tormentas, la oscuridad, la impresión de ser perseguido por muchos, te llegará. Huyendo de estas alucinaciones, los que están privados de *karma* meritorio tendrán la impresión de escapar hacia sitios miserables; los que han adquirido un buen *karma* se sentirán ir, por el contrario, hacia lugares venturosos. Entonces, ¡oh, noble hijo!, sea cual sea el continente o el lugar en que debas nacer, los signos de tal lugar de nacimiento brillarán sobre ti. Para guiarte en este trance hay varias enseñanzas tan profundas como vitales. Escúchalas con atención. Incluso si no has podido comprender las precedentes confrontaciones, ahora lo lograrás, pues hasta los pocos escasos de devoción reconocerán los signos. Pon, pues, atención.»

*Instrucciones para el Oficiante*

Es ahora muy importante poner en práctica los métodos para cerrar la puerta de las matrices. Es preciso, por lo tanto, poner en esto el mayor cuidado. Hay dos modos principales de cerrar estas puertas: impedir al ser que sea atraído hacia ellas, o cerrar la puerta que pudiera ser franqueada.

*Método para prevenir el acceso a la puerta de una matriz*

Las instrucciones para impedir el ser atraído son las siguientes:

«¡Oh, noble hijo! (aquí el nombre), sea cual haya sido tu Deidad Tutelar, medita con tranquilidad acerca de ella como si se tratase del reflejo de la Luna sobre el agua, reflejo aparente, bien que falto de realidad como una ilusión producida de forma mágica. Si no tienes Deidad Tutelar específica, medita, o bien acerca del Compasivo, o bien sobre mí, y tu espíritu, ocupado de este modo, deja que reflexione tranquilamente.

»Al momento, deja que esta forma visual de Deidad Tutelar se funda de los extremos al centro, luego medita, una vez que ya no tenga forma, sobre la Clara Luz vacía. Esto constituye un arte profundo en virtud del cual se escapa a la vuelta al germen.»

*Primer método para cerrar la Puerta de la Matriz*

«Medita de este modo, pero si ello no es bastante para impedir que entres en el germen y te encuentras a punto de caer en él, entonces he aquí la enseñanza profunda relativa al modo de cerrar las puertas de las matrices.

»Cuando en aquel momento, ¡ay! el *Sidpa Bardo* brilla sobre ti, guardando en tu espíritu una sola resolución, persevera con objeto de volver a unirte a la cadena del buen *karma*. Cierra la puerta de la matriz y acuérdate de la fuerza opuesta. Es el instante en que son precisos la atención y el amor puro. Aparta, pues, la envidia y medita sobre el guru Padre-Madre.

»Que tu boca repita esto de forma nítida; recuerda con toda claridad el significado de estas palabras y piensa en ellas. Este método es esencial así como llevarlo a la práctica. He aquí el sentido de esta enseñanza: "Cuando en este momento el *Sidpa Bardo* luce sobre mí (o sobre ti) es que vagas por él". Como prueba de esto, trata de verte en el agua o en un espejo, y comprobarás que no logras ver reflexión alguna de tu cara o de tu cuerpo, así como que tu cuerpo proyecte sombra. Y es que te has despojado de tu grosero cuerpo material, compuesto de carne y sangre, lo que indica que vagas por el *Sidpa Bardo*.

»He aquí por qué en este momento debes formar, sin distraerte, una única resolución en tu espíritu. La formación de una resolución única es muy importante. Es como cuando mediante las bridas se dirige la carrera de un caballo. Todo cuanto puedes desear vendrá para desfilar ante ti. No pienses, pues, malas acciones que pudieran cambiar el curso de tu espíritu. Acuérdate de tus relaciones espirituales con el lector de este *Bardo Thodol*, o con cualquiera de quien hayas podido recibir enseñanzas, una iniciación, una autorización espiritual para leer textos religiosos cuando estabas en el mundo humano, y persevera en las buenas acciones. Esto es primordial. No seas distraído. La línea límite entre la subida y la bajada pasa por aquí. Si te muestras indeciso, aunque no sea más que un segundo, tendrás que soportar sinsabores durante un muy largo tiempo. Ahora es el momento. Mantente firme y con una única voluntad. Persiste en volver a la cadena de las buenas acciones. Ha llegado el momento de cerrar la puerta de la matriz. "Es el momento en que la atención y el puro amor son necesarios." Ha llegado el tiempo en que, por primera vez, la puerta de la matriz debe ser cerrada. Existen cinco modos para cerrarla. Guarda en ti mismo este pensamiento.»

*Segundo método para cerrar la puerta de la matriz*

«¡Oh, noble hijo!, en este momento tendrás la visión de los machos y de las hembras acoplándose. Cuando veas esto, acuérdate que no debes reunirte con ellos. Mira al Padre-Madre como a tu guru y a la Divina Madre; medita sobre ellos y respétalos. Recuerda tu fe humilde; ofrece con fervor la adoración mental y toma la resolución de recibir de ellos un sentimiento religioso. Sólo mediante esta resolución la puerta de la matriz debe ser cerrada. Pero si ni siquiera con ello lo es y sientes que estás a punto de entrar, medita sobre el divino Guru Padre-Madre como sobre una deidad tutelar, o sobre el Compasivo Tutelar y su Shakti, y meditando de este modo, hónrales con ofrendas mentales. Toma enérgicamente la resolución de pedirles un favor. De este modo, la entrada del germen será cerrada.»

*Tercer método para cerrar la puerta de la matriz*

«Si a pesar de ello no se cierra y te ves a punto de entrar en un germen, he aquí el tercer método para rechazar toda inclinación y toda repulsión.

»Hay cuatro clases de nacimiento: nacimiento por el huevo; nacimiento por la matriz supranormal; nacimiento espontáneo y el nacimiento por el calor y la humedad. Entre estos cuatro, el nacimiento en el huevo y la matriz tienen caracteres semejantes.

»Tal como ha sido dicho, se te aparecerán visiones de machos y hembras apareándose. Si en este momento se entra en un germen por la fuerza de los sentimientos de simpatía o de repulsión, se puede nacer lo mismo caballo, pollo, perro que ser humano. Si se ha de nacer macho, el sentimiento de ser macho se levanta en el "Conocedor" y se experimenta un sentimiento de odio o de envidia hacia el padre, y de atracción hacia la madre. Si se ha de nacer hembra, se experimenta un sentimiento de odio intenso hacia la madre y de atracción hacia el padre. Mediante esta causa secundaria, entrando por la vía del éter, hasta el momento en que el esperma y el óvulo se unen, el "Conocedor" experimenta un momento de alegría por el estado simultáneo de nacimiento, durante el cual se desvanece en estado de inconsciencia. Al momento se encuentra engastado en la forma oval del estado embrionario, y cuando sale de la matriz y abre los ojos, puede encontrarse transformado en perrito. Antes era un ser humano y ahora se ha vuelto un perro y se encuentra que tiene que soportar las miserias de la perrera; o es como un puerco en el establo, como una hormiga en el hormiguero, como un insecto o una oruga en un agujero, una vaca, una cabra, un cordero, de cuyo estado no hay vuelta inmediata. Se sufre el mutismo, la estupidez, la miserable oscuridad intelectual con todos sus inconvenientes. De tales maneras se puede ir al Infierno o al mundo de los espíritus desgraciados, a través de los seis *Lokas*, y soportar inconcebibles desdichas.

»Es terrible, terrible para aquellos, ¡ay! que tienen inclinaciones voraces hacia esta existencia samsariana o para los que no la temen desde el fondo de su corazón. Y los que no han recibido las enseñanzas del guru caerán de este modo en los precipicios profundos del *Samsara* y sufrirán durante mucho tiempo intolerablemente. Antes de tener que soportar tal suerte, escucha mis palabras y graba mis enseñanzas en tu corazón: rechaza los sentimientos de atracción o de repulsión y acuérdate del método que voy a decirte para cerrar la puerta de la matriz. Cierra esta puerta y acuérdate de la fuerza opuesta. "Este es el momento en que son necesarios la atención y el puro amor." Tal como se ha dicho, "aparta de ti la envidia y medita acerca del guru Padre-Madre." Como ha sido explicado, si debes nacer macho sentirás atracción hacia la madre y repulsión hacia el padre, y si debes nacer hembra, atracción hacia el padre y repulsión hacia la madre, mezclados a un sentimiento de envidia hacia el uno o hacia el otro que crece y aumenta en ti. Por el momento, es un sentimiento profundo, de modo, ¡oh, noble hijo!, que cuando se producen la atracción y la repulsión, debes meditar de este modo: "¡Ay, qué ser de *karma* tan malo soy! Si he vagado hasta el presente en el *Samsara*, ha sido a causa de la atracción y la repulsión. Si continúo sintiendo atracción y repulsión, entonces vagaré indefinidamente en el *Samsara* y sufriré un océano de miserias durante un muy largo tiempo, hundiéndome en ellas. Así pues, no debo obrar en virtud de la atracción o de la repulsión. ¡Ay de mí! Desde ahora no volveré a obrar por atracción o repulsión".

»Meditando de este modo, adopta la firme resolución de mantener este propósito. Se ha dicho en el *Tantra*: "La puerta de la matriz será cerrada sólo por esto". ¡Oh, noble hijo!, no te distraigas. Fija tu espíritu tan sólo en esta resolución.»

*Cuarto método para cerrar la puerta de la matriz*

Si esto no basta aún para cerrar la puerta de una matriz y se está a punto de entrar en ella, entonces será cerrada por medio de la enseñanza llamada «Lo Falso y lo Ilusorio». Esto debe meditarse del modo siguiente:

«¡Sí!, la pareja, el padre y la madre, la lluvia negra, las ráfagas, los sonidos escandalosos, las apariciones aterradoras y todos los fenómenos son en verdad puras ilusiones. Sea cual sea el modo como puedan aparecerse, nada hay de verdadero en todo ello. Son como ensueños y apariciones impermanentes y sin fijeza alguna. ¿Qué ventaja habría, pues, en interesarse por ello? ¿Qué si nos inspiran miedo o terror? Es tocar lo no existente como existente. Son simples alucinaciones de mi propio espíritu. Y puesto que las ilusiones del espíritu jamás han tenido existencia real, ¿podrían existir todos estos fenómenos? No habiendo yo comprendido hasta ahora estas cosas, he considerado lo no existente como existente, lo irreal como real, lo ilusorio como actual, y he vagado por el *Samsara* mucho tiempo. Y ahora mismo si no las reconozco como simples ilusiones, voy a continuar vagando por el *Samsara* mucho tiempo aún. Con lo que estoy seguro de caer en abismos de calamidades, puesto que en verdad todo esto no pasa de ensueños, de alucinaciones, de puros ecos, lo mismo que las ciudades "Comedores de olores", como un espejismo, como las formas en un espejo, como una fantasmagoría, como la Luna vista en las aguas de un lago; es decir, que no son reales ni un momento siquiera. En verdad, sí, todo ello es irreal, todo es falso.»

Manteniéndose con el pensamiento concentrado en esto, la creencia en la realidad de tales fenómenos se disipa, y una vez impreso esto en la continuidad interna de la conciencia, se aparta uno de ello. De este modo impreso profundamente el conocimiento de la irrealidad, la puerta de la matriz será cerrada.

*Quinto método para cerrar la puerta de la matriz*

Si, no obstante lo anterior, todavía la creencia en el fenómeno permanece intacta, a causa de la cual la puerta de la matriz no se ha cerrado y se está a punto de franquearla, es preciso cerrarla inmediatamente meditando a propósito de la Clara Luz lo que constituye el quinto método. La meditación se hace del modo siguiente:

«No hay duda; todas las sustancias están en mi principio consciente (espíritu) y éste es puro vacío, cosa no nacida y sin fin.» Meditando de este modo, dejad que vuestro espíritu permanezca en el estado de increado, como por ejemplo lo está el agua vertida en el agua. El espíritu debe permanecer en su posición mental más cómoda, en su condición natural no modificada, clara y vibrante. Manteniendo este estado de ausencia de tensión, de no creado, las puertas de los cuatro lugares de nacimiento serán seguramente cerradas. Meditad de este modo hasta el perfecto cumplimiento de esto.

*Instrucciones para el Oficiante*

Numerosas y profundas enseñanzas acaban de ser dadas para cerrar las puertas. Imposible que no se liberen los de espíritu elevado, los de espíritu medio y aun los de poca capacidad intelectual. Y si se pregunta cómo es posible esto, lo es por, primero: porque la conciencia del *Bardo*, dotada de poder supranormal de percepción ilimitada, sea lo que sea lo que se diga, es comprensible; segundo, porque, incluso si antes el difunto era ciego o sordo, ahora, en este momento, todas las facultades son perfectas y se puede entender todo lo que es dicho; tercero: porque estando constantemente perseguido por el temor y el terror, se piensa: ¿qué es lo mejor? y, alerta y consciente, se está siempre dispuesto a escuchar todo lo que puede ser dicho. Una vez que la conciencia queda sin el soporte del cuerpo, va inmediatamente a donde la dirige el espíritu, y, cuarto: es fácil dirigirla. La memoria es nueve veces más lúcida que antes. Incluso si se era estúpido, en aquel momento, a causa del trabajo del *karma*, el intelecto se vuelve excesivamente claro y capaz de meditar sobre todo cuanto le es enseñado. Luego se responde que es porque el Conocedor posee estas cualidades.

Y es por lo que el cumplimiento de los ritos funerarios debe ser eficaz. Por consiguiente, la perseverancia en la lectura del Gran *Bardo Thodol* durante cuarenta y nueve días es de la mayor importancia. Incluso si no se ha sido liberado en una confrontación anterior, se ha de poder serlo en las siguientes; y es por esto por lo que tantas diversas confrontaciones son necesarias.

ELECCION DE LA PUERTA DE UNA MATRIZ

*Instrucciones para el Oficiante*

Ocurre, a pesar de todo, que muchas clases de seres que —bien que en condiciones de rememorar e instruidos en lo que afecta a disponer su pensamiento para la concentración— no son liberados a causa de la gran fuerza perniciosa de las oscuridades kármicas, y por causa también de la poca costumbre de las buenas acciones, y al hábito, por el contrario, hacia las acciones impías desde tiempo inmemorial. Por consiguiente, si no se ha podido cerrar la puerta de las matrices antes de ahora, una enseñanza destinada a la elección de la puerta de una matriz será dada ahora. Invocando la ayuda de todos los Budas y Bodisatvas y repitiendo la fórmula de Refugio, hablad una vez más al difunto y llamándole tres veces por su nombre, decidle:

«¡Oh, noble hijo, escucha! Las precedentes confrontaciones te han sido dadas de una manera concentrada y, no obstante, no las has comprendido. Por consiguiente, si la puerta de las matrices no ha sido cerrada, casi es el momento aún de tomar un cuerpo. Escoge el germen de acuerdo con esta enseñanza perfecta que vas a escuchar. Pon atención y tenla muy presente en tu espíritu.»

*Las visiones premonitorias del lugar de renacimiento*

«¡Oh, noble hijo!, ahora los signos y características del lugar de renacimiento van a aparecer. Reconócelos. Observando este lugar de nacimiento, escoge también el continente. Si debes nacer en el Continente oriental de Lupah, un lago, en el cual flotan cisnes machos y hembras, será advertido. No vayas allí. Siente repulsión hacia este sitio. Si se va a ese Continente —aunque sea dichoso y agradable— la religión no predomina en él. No entres, pues, allí. Si se ha de nacer en el Continente meridional de Jambú, se verán grandes y hermosas casas. Entra allí si tienes que entrar. Si se debe nacer en el Continente occidental de Balang-Chod, un lago, en cuyas orillas pacen caballos y yeguas, será advertido. No vayas allí, vuélvete. No obstante darse allí abundancia de riquezas, es una tierra en la que la religión no prevalece; no entres, pues. Si se debe nacer en el Continente septentrional de Daminyan, un lago con rebaños que pacen en sus orillas, que están rodeadas de árboles, será advertido. Aunque la vida sea allí larga y no carezca de excelencias, este Continente es también de aquellos en los que la religión no predomina. Entonces, no entres tampoco. Tales son los signos premonitorios (o divisiones) del renacimiento en estos Continentes. Reconócelos y no entres en ellos.

»A quien debe renacer como *deva* (dios), se le aparecerán magníficos templos o moradas construidos en diversos metales preciosos. Aquí se puede entrar; entra, pues. El que deba nacer como asura (espíritu malo) verá, o bien un bosque delicioso, o bien un círculo de fuego girando en direcciones opuestas. Que recuerde la repulsión y que se aplique a no entrar allí. El que deba renacer entre las bestias verá cavernas rocosas, profundos agujeros en la tierra. Que no entre allí. Aquel que debe nacer entre los *pretas* (espíritus desgraciados) verá llanuras desoladas y desnudas, cavernas poco profundas, claros en la selva virgen, grandes extensiones de bosques. Si se va allí, naciendo como *preta*, se sufrirán diferentes clases de angustias, hambre y sed. Acuérdate que es preciso experimentar repulsión. Aquel que debe nacer en el Infierno oirá ruidos semejantes a quejidos y se verá obligado a entrar allí por una fuerza irresistible. Extensiones tenebrosas, casas negras y blancas, agujeros negros en la tierra, caminos negros y a lo largo de los cuales se deberá marchar, aparecerán. Si se va allí, se entrará en el Infierno y, sufriendo dolores insoportables a causa del calor y del frío, se necesitará un tiempo muy largo para salir. No te metas en medio de todo esto. Se ha dicho: "Ejerce tu energía hasta el límite extremo", esto es necesario en este caso.

*La protección contra las furias atormentadoras*

«¡Oh, noble hijo!, bien que no se quiera, si se es perseguido por las atormentadoras furias kármicas, forzados nos veremos a seguir marchando. Furias atormentadoras ante nosotros, "cortadoras de la vida" en la vanguardia, arrastrándonos, la oscuridad, los ciclones kármicos, ruidos, nieve, lluvia, tormentas aterradoras, borrascas de viento helado se manifestarán y aumentará el pensamiento de escapar a todo ello. Entonces, buscando un refugio empujados por el miedo, se verán las visiones descritas: grandes mansiones, cavernas rocosas, excavaciones, selvas y flores de loto que cuando se entra se cierran; y se escapa a las tormentas, ocultándose en uno de esos lugares, y se teme salir de ellos, pensando: "No sería prudente salir ahora". Temiendo partir, se siente gran atracción hacia el lugar de refugio (que es la matriz). Temiendo, al salir, volver a encontrar el horror y el terror del *Bardo*, aún espantado de los encuentros, si por esta causa se permanece oculto, en el lugar o la matriz escogida, se asumirá un cuerpo miserable, y diversos y variados sufrimientos. Esta condición indica que malos espíritus y *rakshasas* se interponen para impedir un buen nacimiento. Para este momento hay una enseñanza profunda. Escucha y presta atención.

»En este momento, cuando las furias atormentadoras te persigan y el horror y el terror se presenten, al instante evoca la visión del Heruka Supremo o de Hayagriva, o de Vajra-Pani, o de no importa qué otra deidad tutelar, si es que tienes una: visión de forma perfecta, ancha de cuerpo, los miembros macizos, irritada, de apariencia aterradora, capaz de reducir a polvo a todos los espíritus maléficos. Ten esta visión instantáneamente. Sus olas de dones, el poder de su gracia te apartarán de las furias atormentadoras y con ello podrás obtener el poder de escoger el seno donde renacerás. Esto es el arte vital de esta muy profunda enseñanza; por lo tanto, lleva a él todo tu espíritu.

»¡Oh, noble hijo!, el Dhyani y las otras deidades han nacido del poder de Samadhi. Los *Pretas*, los espíritus malos de ciertas órdenes son los que, cambiando sus sentimientos, o actitud mental, cuando están en el estado intermedio, toman esta forma, la guardan al punto y se tornan *pretas*, malos espíritus, *rakshasas* con el poder de cambiar de forma. Todos los *pretas* que existen en el espacio, que atraviesan el cielo y las ochenta mil especies de espíritus dañinos, han llegado a ser lo que son cambiando sus sentimientos en el cuerpo mental, del plan del *Bardo*. En este momento, si hay medio de acordarse de la enseñanza del Gran Símbolo a propósito del Vacío, será lo mejor. Si no eres empujado a ello, entonces debes habituar los poderes mentales a considerar todas las cosas como ilusión. Incluso si esto es imposible, no te dejes atraer por nada. Meditando sobre la Deidad Tutelar, el Gran Compasivo, se obtendrá el estado de Buda en el *Sambogha-Kaya*.»

## LA ELECCION ALTERNATIVA DE UN NACIMIENTO SUPRANORMAL O DE UN NACIMIENTO EN EL GERMEN

«Si, no obstante, ¡oh, noble hijo!, por influencia del *karma* debes entrar en el germen, la manera de escoger la puerta de la matriz te será explicada ahora. Escucha: no entres en no importa qué matriz que te sea accesible. Si las furias atormentadoras te quieren hacer entrar, medita sobre Hayagriva. Puesto que posees un débil poder supranormal de presencia, todos los lugares de nacimiento te serán conocidos unos tras otros. En consecuencia, escoge de estas dos alternativas: la transferencia, del principio consciente, en un puro reino de Buda, o la selección de lo impuro que lleva a la matriz samsárica. Esto se cumple del modo que se dice a continuación:»

*Nacimiento supranormal por transferencia
a un reino paradisíaco*

«En primer lugar, para la transferencia a un reino paradisíaco puro, la proyección es dirigida, pensando o meditando, así: "¡Ay!, de qué modo es triste que yo, durante los innumerables *kalpas*, desde el tiempo ilimitado y sin principio, hasta el presente, haya podido vagar por la cloaca del *Samsara*. ¡Qué triste es que no haya sido liberado pasando al estado de Buda, tras haber reconocido previamente a la conciencia como siendo el «yo»! Ahora, el *Samsara* me repugna, me causa horror, me desagrada; ahora ha llegado la hora de disponerse a huir. Obraré por mí mismo con objeto de nacer milagrosamente en el reino dichoso del Oeste a los pies del Buda Amitaba, entre las flores de loto". Pensando esto dirigid vuestra decisión resueltamente hacia ese reino o hacia todo otro reino que podáis desear: el Reino de la Suprema Dicha, o el Reino de la Densa Concentración, o el Reino de los Largos Cabellos, o al Vihara ilimitado de la Radiación del Loto en la presencia de Urgyan. O bien dirigid vuestro voto hacia el Reino que deseéis más vehementemente, concentrándoos y sin que vuestro espíritu se distraiga. Haciéndolo así, el nacimiento en estos reinos será instantáneo. Si aún deseáis ir a presencia de Maitreya, en los cielos de Tushita, de los que es rey, dirigid hacia ellos y de modo semejante un voto ardiente y pensad: "Iré a presencia de Maitreya a los Cielos de Tushita, pues la hora de que así sea ha sonado para mí, aquí, en el estado intermedio". Entonces se obtendrá el nacimiento milagroso en el corazón del loto, nacimiento puro, no como en una matriz, en presencia de Maitreya.»

*Nacimiento por el germen: la vuelta al mundo humano*

«Si, no obstante, semejante nacimiento supranormal no es posible y se siente alegría entrando en un germen, o bien haya por fuerza que entrar en él, he aquí la enseñanza para la elección de la puerta de la matriz en el *Samsara* impuro. Escucha: mirando, mediante tu poder supranormal de previsión, los Continentes descritos, escoge aquel en que la religión prevalece y entra en él. Si el nacimiento debe producirse en un montón de impurezas, una sensación de olor agradable te atraerá hacia esta masa impura, y de este modo obtendrás el nacimiento. De cualquier manera que se te aparezcan las visiones de las matrices, no las consideres tal cual son o parecen ser con objeto de que, no sintiéndose ni atraído ni rechazado por ellas, puedas escoger un buen germen. En esto también, como es importante dirigir bien el deseo, hazlo de este modo: "¡Sí! Yo debo tener nacimiento como un gran emperador o como un Brahmán semejante a un *sala*, o como el hijo de un adepto de los poderes siddhicos, o en una familia sin tacha en su linaje, o en un hombre de casta lleno de fe religiosa, y naciendo así seré un ser dotado de gran mérito y capaz de servir a todos los seres animados".

»Pensando esto, dirige tu deseo y entra en el germen. En el momento de hacerlo, emite tus ondas y dones de gracia y de buen deseo en el seno en que entras, transfomándole de este modo en una morada celestial. Y seguro de que los Conquistadores y sus Hijos los Bodisatvas de las Diez Direcciones y sus Deidades Tutelares, especialmente el Gran Misericordioso, le dotarán con su poder, ruégales y entra en el germen.

»Escogiendo de este modo la puerta de la matriz, hay una posibilidad de error. A causa de la influencia del mal *karma*, los buenos gérmenes pueden parecer malos y los malos buenos; error semejante es posible. En este momento el arte de la enseñanza, siendo muy importante, síguele de este modo; incluso si un germen parece bueno, no sientas atracción hacia él; si parece malo, evita la repulsión. Estar libre de repulsión o de atracción, del deseo de tomar o de evitar, es decir, entrar en un estado de completa imparcialidad, es lo más profundo de este arte. A excepción del reducidísimo número que ha tenido alguna experiencia de desarrollo psíquico, es difícil desembarazarse de los restos del mal que originan las malas tendencias.»

*Instrucciones para el Oficiante*

Por consiguiente, si son incapaces de separarse de la atracción y de la repulsión, los de mentalidad más inferior y de mal *karma* merecerán encontrar refugio entre los animales. La manera de impedirlo es llamando al difunto por su nombre, una vez más, del modo siguiente:

«¡Oh, noble hijo!, si no puedes librarte de la atracción y de la repulsión, si no conoces el arte de escoger la puerta de la matriz, sean cuales sean las visiones descritas que se te aparezcan, llama a la Preciosa Trinidad y refúgiate en ella. Ruega al Gran Compasión. Ve con la cabeza alta. Comprende que estás en el *Bardo*. Rechaza toda debilidad o atracción hacia tus hijos, tus hijas o cualquier otro ser querido dejado atrás; para nada pueden servirte ya. Entra por el camino de la Luz Blanca de los *devas*, o por el de la Luz amarilla de los seres humanos; entra en las grandes mansiones de los metales preciosos o en los deliciosos jardines.»

### *Instrucciones para el Oficiante*

Repetid estas palabras, dirigidas al difunto, siete veces seguidas. Después hay que ofrecer: «La invocación a los Budas y a los Bodisatvas», «El camino de los buenos deseos que libra de los Miedos en el Bardo», «Las Palabras Fundamentales del Bardo», y «El Salvador o el camino de los buenos deseos para salvar de las emboscadas o del peligroso paso estrecho del bardo.» Estas oraciones deben ser leídas tres veces. Se deben leer también el *Tahdol* que libra de los agregados del cuerpo y el «Rito que confiere por sí mismo la Liberación en virtud de la tendencia».

## CONCLUSION GENERAL

Por la virtud de estas lecturas hecha correctamente, los devotos de entendimiento avanzado pueden hace el mejor uso de la Transferencia en el momento de la muerte. No tienen que atravesar el estado intermedio, sino que irán por el «Gran Camino Derecho Ascendente». Otros, un poco menos entrenados en las cosas espirituales, reconociendo la Clara Luz en el *Chikhai Bardo* en el momento de la muerte, irán por la vía ascendente. Los que están por bajo de éstos serán liberados, de acuerdo con su capacidad particular y sus conexiones kármicas, cuando una u otra de las deidades Apacibles o de las irritadas brillen sobre ellos, durante las dos semanas del *Chonyid Bardo*. Hay muchos puntos en los que se puede obtener la liberación, de llegar al reconocimiento de uno u otro de ellos. Pero aquellos cuyo buen *karma* es débil, aquellos cuya masa de oscurecimiento es grande a causa de sus malas acciones, tienen que errar cada vez más hacia abajo hasta el *Sidpa Bardo*. Sin embargo, allí aún, cual diferentes peldaños de una escalera, hay varias clases de confrontaciones o llamadas; la liberación deberá ser obtenida reconociendo uno u otro de los grados. Pero aquellos cuya relación kármica es más débil, por ser incapaces de reconocer, caen bajo la influencia del horror y del terror. Para éstos hay diversos grados de enseñanza destinados a cerrar la puerta de las matrices y para escoger la puerta de una de ellas. Para una u otra de estas enseñanzas, habrá debido escoger el método de visión y llamar mediante él a las virtudes ilimitadas superiores con objeto de exaltar su propia condición. Incluso el más bajo de entre ellos, proveniente del orden de los animales, es capaz, en virtud de la aplicación del refugio, de apartarse de entrar en la desgracia. Obteniendo el gran beneficio de un cuerpo humano, libre y perfectamente dotado, podrá en el próximo nacimiento encontrar un guru que sea su amigo virtuoso y obtener los votos salvadores.

Si esta doctrina es escuchada cuando se está en el *Didpa Bardo*, ello será como la reunión de buenas acciones, semejándose a una artesa colocada bajo la hendidura de un tubo de drenaje roto; tal es la enseñanza.

Los que tienen un *karma* pesado, malo, no pueden dejar de ser liberados escuchando esta Doctrina y reconociéndola. Y de preguntar por qué, se responderá: porque están presentes para recibir al muerto y porque los Maras y los Interruptores vienen también a recibirle con ellas. El simple entendimiento de esta doctrina dirige los propios pensamientos del muerto y la liberación se obtiene, pues ya no depende de un cuerpo de carne y de sangre, sino de un cuerpo mental que queda fácilmente afectado. Sea cual sea la distancia a través de la cual se esté vagando por el *Bardo*, si se es llamado se oye la llamada y se viene, pues se posee el sentido atenuado de la percepción y de la presencia instantáneamente, el espíritu es susceptible de ser cambiado o influido. La enseñanza es, pues, aquí de gran utilidad. Es semejante al mecanismo de una catapulta. Es semejante al manejo de una enorme pieza de madera que cien hombres no pueden llevar, pero que, echada a flotar en el agua, puede ser fácilmente dirigida donde entonces se quiere. Esta enseñanza es semejante al dominio y dirección que en la boca de un cabello ejercen las riendas.

Por consiguiente, llegándoos junto al cuerpo de aquel que acaba de abandonar la vida, si el cuerpo está presente, imprimid fuertemente esto en el espíritu del difunto, repetidle una vez y otra todo hasta que la sangre y una secreción amarillenta empiecen a salir por las ventanas de su nariz. Entonces, ya el cuerpo no debe ser molestado. Las reglas que deben ser observadas para que la impresión sea eficaz son las siguientes: no matar ningún animal por cuenta del difunto; no dejar que los parientes y allegados giman y se lamenten junto al cuerpo inanimado; animar a la familia a cumplir actos virtuosos en tanto en cuanto les sea posible. Esta gran doctrina del *Bardo Thodol*, así como otros textos religiosos, pueden ser expuestos de diversas maneras tanto al agonizante como al muerto. Si esta doctrina es unida al fin de la *Guía*, y recitada por entero con la *Guía*, es sumamente eficaz. Por otra parte, debería ser recitada también siempre que fuese posible. Estas palabras y su significación deben estar presentes en la memoria de todos; y cuando la muerte ya es inevitable y son reconocidos los síntomas, de permitírselo su estado, el propio moribundo se los debe recitar a sí mismo y reflexionar sobre su sentido. Si está demasiado débil, entonces que un amigo lea este libro con objeto de grabarlo vivamente en el espíritu del que va a acabar. Con ello, la seguridad de la liberación es indudable.

Esta doctrina es la que libera por la vista, sin que haya necesidad de meditación o de *Bsgrub*. Esta Profunda Enseñanza libera con sólo ser escuchada o vista. Esta Enseñanza Profunda libera a aquellos que tienen muy mal *karma*, por el Sendero Secreto. No debes olvidar su significado y sus palabras, aunque fueses perseguido por siete perros. Mediante esta enseñanza escogida se obtiene el estado de Buda en el momento de la muerte. Incluso si los Budas de los tres Tiempos, pasado, presente y futuro, la buscasen, no podrían encontrar Doctrina que sobrepujase a ésta.

Con esto queda terminada «la esencia del corazón de la Profunda Doctrina del *Bardo*», llamada el *Bardo Thodol*, la que libera a los seres encarnados.

Aquí finaliza el *Libro Tibetano de los Muertos*.

## GLOSARIO

**Abhava**: Inexistencia, inmanifestación.
**Adhicara**: Acto de ofrecerse totalmente al Buda.
**Akasha**: Materia primordial.
**Amrita**: Licor o bebida de la inmortalidad. Corresponde al *Soma* védico y a la *Ambrosía* de los griegos.
**Ananda**: Felicidad absoluta proporcionada por la experiencia de la unión divina.
**Anuruda**: Célebre discípulo de Buda, uno de los más autorizados expositores de su doctrina.
**Asura**: Entidad maléfica y demoníaca.
**Bodisatva**: Futuro Buda que ha adquirido el compromiso de ayudar a todos sus semejantes a alcanzar el Nirvana.
**Brahman**: Perteneciente a la casta sacerdotal.
**Buda**: El despierto, que ha alcanzado la iluminación, en particular Gautama.
**Dakini**: Divinidades femeninas con apariencia de hadas.
**Deva**: Palabra derivada de la raíz sánscrita *div*, brillar. Designa a los dioses espirituales, análogos a los ángeles en el cristianismo.
**Dharma**: Naturaleza o condición interna de cada ser o cada cosa. Ley. Deber. Camino espiritual.
**Dhyana**: Meditación contemplativa.
**Dorje**: Especie de cetro que utilizan los lamas.
**Guru**: Maestro espiritual.
**Karma**: Palabra sánscrita que significa «acción», con la que se suele designar la ley de causa y efecto. Muy a menudo se toma como sinónimo de «destino».
**Kaya**: Cuerpo.
**Loka**: Mansión, morada, lugar, residencia. Se refiere a un estado de conciencia individual.
**Maitreya**: El Buda que ha de venir para liberar a la humanidad por el poder del amor.

**Mandala**: Representación de las deidades en forma de círculo
**Mantra**: Palabra sánscrita que significa «meditado por la mente» que expresa una energía.
**Merú**: Montaña sagrada que corresponde simbólicamente al centro del universo.
**Nadi**: centro nervioso en el que se acumula la energía.
**Nirmanakaya**: Cuerpo de transformación.
**Mudra**: Signo esotérico, a menudo de reconocimiento, que se realiza con las manos y los dedos.
**Padma**: Loto.
**Prana**: Energía vital.
**Pretas**: Espíritus desgraciados.
**Preta-Loka**: Literalmente, el lugar de los espíritus desgraciados. El infierno.
**Rakashas**: Demonios que adquieren la forma humana y tienen poderes paranormales.
**Samadhi**: Estado de conciencia en el que el ego, abstraído por completo del mundo exterior, se contempla a sí mismo más allá de los contrarios.
**Sambhogakaya**: Cuerpo de beatitud.
**Samsara**: La rueda de las muertes y nacimientos en las sucesivas reencarnaciones.
**Sangha**: Comunidad de los creyentes, que practican el Dharma.
**Siddhis**: Poderes sobrenaturales.
**Sutra**: Sentencia, máxima o aforismo sagrado.
**Thadol**: Texto tibetano compuesto por *mantras* que se utilizaba para acompañar al *Bardo Thodol*. Estos *mantras* eran considerados talismanes para ayudar al difunto en su viaje por el más allá.
**Yamantaka**: El Señor de la Muerte.

# INDICE

Prólogo .......................................... 7
Libro Primero
    El *Chikhai Bardo* y el *Chonyid Bardo* ............ 25
    I. El *Bardo* del momento de la muerte ........... 31
    II. El *Bardo* de la experiencia de la realidad. ...... 39
    El alba de las divinidades irritadas, del 8º al 14º día .................................... 64
Libro Segundo
    El *Sidpa Bardo* .............................. 85
    I. El mundo luego de la muerte ................ 87
    II. El procedimiento del renacimiento ........... 105
Glosario ........................................ 125